「なんだか最近、
発散できてないな……」
と思うこと、ありませんか？

JN110302

どうしたってたまってくる、日々の
モヤモヤ
イライラ
クサクサ
うつうつ……

ガマンするしかない……？

いえいえ、人間の智恵は
捨てたもんじゃありません

発散が上手に
速くできるヒントを
ご一緒に考えていきましょう

はじめに

私たちはきっと、とても器用なのでしょう。どんなことだって、モヤモヤやイライラやストレスの原因にすることができます。

原因といえば、やはり**人間関係**でしょう。

ストレスを抱えたくない、みんなに好かれる人なら生きやすいだろうと、頼まれごとは断らず、他人の意見につい合わせてしまう人も、ストレスがたまります。

そんな人が「あの人って風見鶏みたい」と噂されているのを知れば、疑心暗鬼と自己嫌悪の日々を過ごすことになります。

誰からも好かれることは不可能です。

どんなにいい人でも、陰で悪く言う人はいます。

相手から好かれるのは、こちらの努力だけでどうにかなるものではありません。
しかし、こちらが相手を好きになることなら、自分の努力で可能です。
みんなに好かれる人よりも、みんなを好きになってしまったほうが、ずっと生きやすくなれるのです。

人間関係だけではありません。ヒマだと心のフィルターが詰《つ》まって、不思議なことに
「ツマラナイ」とこぼします。

忙しければ、最初は「ヒマよりマシ」と呑気《のんき》なことを言っていますが、しだいに体が悲鳴をあげ、心も疲弊して周囲への気遣いができなくなり、「ありがとう」と感謝することも少なくなっていきます。

こうした状況の改善方法は人によって異なりますが、のんびりする時間（場所）と忙しい時間（場所）のバランスを上手に取る暮らし方は、早めに身につけたいと思います。
それにチャレンジできないほど、人生は短くないでしょう。

経験したことがないことに直面したときや、**将来への不安**や**失敗への恐れ**を感じたときも、私たちはモヤモヤ、イライラやストレスを抱えてしまいます。

初めて経験する仕事や育児、前代未聞の自然災害や病気など、**経験したことがないのですから、緊張しないほうがどうかしています。**

そんなときは、まず「初めてだから、イライラしたりストレスがたまったりするのは仕方がない」と、現実をそのまま受け入れることでしょう。

「仕方がない」は、魔法の言葉です。軽いストレスなら、楽しむことさえできるようになります。

将来への不安や失敗への恐怖に対しては〝備えあれば憂い無し〟が基本です。やれるだけやって、後は天に任せるしかありません。任せている間に、臨機応変（行き当たりばったり）に対応できる能力、あるいは「どうにかなる」「なるようにしかならない」と泰然自若としていられる度胸を身につけておけばいいのです。

仏教の**「苦」**の定義は、「思い通りにならないこと」です。

考えてみれば、私たちが抱えるモヤモヤ、イライラ、ストレスなどは、ことごとく自分の都合通りになっていないときに起こります。

仏教は、この「心の苦」をとり除くことに特化した、二千五百年続くコンテンツと言えるでしょう。

本書は、あなたや周りの人が知らずに抱えているものを、どうすれば発散できるか、仏教の智恵を土台にして書き進めました。

仏教の智恵を使うと、発散のスピードがとても速くなります。

あなたの心が軽く、おだやかになるお手伝いができれば幸いです。

上手に発散する練習　目次

2章　ガマンしすぎないコツ

3章　〟ためこまない人〟が一番強い

4章　人にイライラ、モヤモヤしない考え方

5章 〝発散のキッカケ〟を逃さない練習

6章 心の〝風通し〟がいい人になる

1章

それは〝発散不足〟かもしれません

忙しすぎても、ヒマすぎても心は澱《よど》む

あなたの周囲には、誰がどう見ても忙しすぎる人、逆にヒマにもほどがあると呆《あき》れてしまうような人はいませんか。

ひょっとするとご自身が「もう忙しくて、忙しくて」や「ヒマで、ヒマで」と口にしているかもしれません。

忙しすぎる人は、仕事をこなしていくことに精一杯になってしまうので、家族や友人のことはもちろん、自分の人生についてなどに思考が及びにくくなります。

ヒマな人はやることがなく、何をどうすればどうなるという論理的な思考をする必要がないので、会話をしていても、**相手が何のために、何を言おうとしているのかという筋道の通った聞き方ができなくなりがちです。**

忙しすぎたり、ヒマすぎたりして陥るこうした状況を称して**「心の風通しが悪くなる」**

と言います。心の空気が一つのことで澱んでいる状態です。

忙しすぎる人は、ふと次のようなことを思うかもしれません。

「やることはやっている。でも、それだけ」

「仕事はちゃんとやっている。でも、仕事中に冗談を言うわけでもないし、休日も休養に充てているので、仕事しかしていない。思考回路が仕事専用になっているみたいだ」

この気づきはとても大切で、心の窓が少しだけ開いた状態でしょうが、さらに窓を大きく開けるためにアクションを起こさないと、いつまでも心の空気は澱んだままです。


ヒマというのは、法律に触れなければ何をしてもいい時間という意味でしょう。

しかし、ヒマすぎる人は、もともと興味の対象が狭いために、やりたいことがないのかもしれません。

周囲が「ヒマならこれをやれば?」と勧めても「いや、それはいい」「せっかくだけど、遠慮しておく」と興味を示そうとしません。殻に閉じこもって心を閉ざしている状態ですから、新鮮な空気が入る余地はありません。

「芳彦さんね、テレビやラジオの放送局は、世の中がどれほど不況でも必ず毎年、新人アナウンサーを採用するんです」と、ニッポン放送でアナウンス部長まで務めて退職された村上正行アナウンサー（故人）が教えてくれたことがあります。

アナウンサーは、毎日さまざまな情報をとり入れて、感動し、感激し、感心して心をリフレッシュしなければいけない職業だそうです。

同じメンバーで放送をしていると、局内の空気が澱んできます。そこで局内に新鮮な空気を入れるために、毎年必ず新人アナウンサーを採用するそうです。

この話は、自分の心に新鮮な空気をとり入れる大切さについて教えていただいたときの裏話でしたが、とても説得力のある話でした。

言われてみれば、六年間過ごした小学校生活で、毎年真新しいランドセルを背負った一年生が入学してくるのは、とても新鮮でした。学校中にさわやかな空気が入ってきて、澱んでいた空気が、良い意味で、攪拌《かくはん》された気がします。

忙しすぎやヒマすぎを自覚できるのは、まだ新鮮な微風が入っている証拠でしょう。他人から指摘されて「そうかもしれない」と思えるのなら、まだ大丈夫です。

しかし、自覚もせず、他人からの指摘も「だって忙しいんだから」「そんなことを言ったって、どうせヒマなんだから」と突っぱねるようになれば、心の風通しは最悪。心のガラス窓が割れて飛び散るまで、そのまましかないかもしれません。

このままではマズイかもしれないと、少しでも心に微風が入ってきたら、毎年新人アナウンサーを採用する放送局のように、**意識的に「変化」という風を起こしてみるといいと思います。**

やってみたかった、ドラマのシリーズ一気観賞でもいいでしょう。そのうち行こうと思っていた最新観光スポットや、懐かしい動物園に行くのもいいと思います。自分には興味がなかったドラマや映画や音楽のジャンルに精通している人に、お薦《すす》めの作品を聞いて挑戦するのも一つの手です。

そこでも「でも」や「どうせ」の言葉が出そうなら、その言葉はぐっと呑み込んで、やってみたほうがいいですよ。

息苦しく「できる人」「いい人」を目指す人へ

与えられた仕事をきびきび、てきぱきこなし、まだ余力を残しているような人がいます。その余力で、期待されている以上の仕事をこなすことさえあります。俗に言う「できる人」で、こう言われるように努力する人は少なくないでしょう。私もその一人です。

一方、忖度《そんたく》、気遣いの名人で、相手の考えや意見に反論せず、やさしさが人間の皮をかぶっているような人がいます。俗に「いい人」と呼ばれます。

嫌われたくない、単純に好かれたいなど、「いい人」でいる理由はさまざまでしょうが、無難に生きていくための一つの処世術かもしれません。私も学生時代までは「いい人」と言われるように心がけていた気がします。

「できる人」や「いい人」でいる、あるいはそう呼ばれるようになるには、大変な努力が必要です。

「できる人」は、休みの日でも仕事の段取りや効率性を考えます。仕事のことを考えなくても、休みは仕事のための充電期間くらいに思っているのです。

また、「いい人」は一人になっても「あのときああ言ったことで嫌われなかったかな」と気を揉《も》み、反省に余念がありません。

周囲は「そんなに一生懸命やっていたら疲れてしまうのでは」と心配しますが、本人は「できる人」「いい人」でいるためには、そのくらいの努力は当たり前だと思っています。

人は目標があれば努力できるのです。その努力の結果、周囲は実際に「できる人」「いい人」と評価してくれます。

しかし、そのままでは爆発してしまう可能性があります。

「できる人」も「いい人」も、そうなること、そうでいることがその人の生き方そのものになってしまい、視野が狭くなってしまうことがあるのです。

「できる人」は「自分よりできる人」の登場によって挫折してしまうこともありますし、自分が交換可能なちっぽけな歯車だと気づいて心が折れてしまうこともあります。

仕事人間としては一流だけど、家庭や友人関係で何ら信頼関係を築いてこなかったことに気づいて茫然《ぼうぜん》自失となり、無気力になってしまう人もいます。私はそういう人を三人ほど知っています。

「いい人」は、悪口や陰口には驚くほど弱いものです。

考えてみれば、「誰にとってもいい人」はあり得ないのですが、一生懸命に「いい人」を目指すあまり、それに気づかないのです。周囲には「あの人はいい人すぎるんだ」と陰口を言う人だっているのです。

「いい人」なら誰からも好かれるはずだ、というお人好しな思い込みをしているのです。

もちろん「できる人」「いい人」の中には、気持ちがパンパンになる前に発散する方法をその人なりに身につけている人はいます。しかし、あなたも含めてあなたの周囲には、息苦しそうに「できる人」「いい人」を目指している人もいるでしょう。

私は「できる人」には、

「能力を身につけるためにさまざまなものを蓄える〝充電〟ではなく、持っている力を使う〝放電〟をする勇気はありますか？」

「期待されていることを一二〇パーセントこなさなくても、一〇〇パーセントでいいと自分で納得する心の余裕はありますか？」

と尋ねたいと思います。

いつでも、どんなことがあっても心おだやかでいたいと思っている私は、年に何度かこの問いを自分に発します。

「いい人」を目指して周囲に異常なほど気を使っている人には、

「『いい人』の前に『どうでも』をつけても、誰も気にしません」

と、お伝えしたいと思います。自分の本当の思いを隠してまで他人に合わせつづけるのは、長持ちしません。早く息苦しさに気づいて、上手に発散することを後回しにしないほうがいいと思うのです。

私は「他人から見た『いい人』はやめたほうがいい、もっと自分に正直でいい」と申しあげているのではありません。すでに充分すぎるほど自分に正直で、他人に不誠実な人を五人ほど知っているからです。

「いい人」を目指している人は、ご注意ください。

「面白さ」を追いかけるとすぐ飽きる

歌手や役者、劇団などのファンクラブに入っていると、定期的にさまざまなイベントやフェスのお知らせが届きます。SNSでも、知り合いや〝お気に入り〟に登録したサークルから次々にイベントの誘いがあります。

触手さえあちこちに伸ばしておけば、その数は一カ月で数十件になるでしょう。日程とお金の都合をつけてそれらに参加していれば、参加できないことからくるストレスもお金も、たまるヒマはないでしょう。

イベントを企画しているのはプロのイベンターやプロデューサーですから、企画が面白くないはずがありません。素人が手作りで企画、制作したイベントでも、同好の士に向けたもので、中には参加者全員がスタッフとして何らかの役割を分担しているものもありますから、盛り上がること必定です。

しかし、世の中が何らかの原因（大災害や新型コロナウイルスによる感染症の拡大など）で自粛ムードになると、イベント自体が開催されません。また、自分が忙しくて日程が合わなかったり、体調がすぐれなかったりして参加できないこともあります。

私は三十代から月に一回、ライブハウスで節付きのお経のライブを、僧侶仲間三人で十一年半つづけていました。現在では、多くの若い僧侶がお寺の外で仏教の活動を始めたため、旗振り役としての私の使命は終わったのでやっていませんが、十一年半やって気づいたことがあります。

それは「お坊さんがライブハウスでお経のライブをやるなんて面白い」「節付きのお経は面白い」と言われたらアウトということでした。

面白いことはすぐに飽きてしまうので、新しい面白さを永遠に追求していかないといけなくなるからです。

お笑い芸人たちは、まさにそれをしなければならないのですから大変だと思います。

最初のうちは、お経を軸にした面白いライブを目指してジャズピアノ、ウッドベース、オーストラリアの民族楽器ディジュリドゥ、二胡《にこ》など、さまざまなミュージシャンに参加してもらいました。

そして、やがてお客さんに「面白かった」と言われることに辟易《へきえき》しました。面白さを求める人は、こちらが同じことをしていたのでは、三度は足を運んでくれません。〝仏の顔〟は三度までですが、坊主のお経ライブに三度目はなく、二度まででした。

たどり着いたのは「面白かった」ではなく「楽しかった」「良かった」と言われる企画をすることで、それはとりもなおさず、私たちが普段唱えているお経をそのまま唱えることでした。


ここで私が申しあげたいのは**「面白さ」を求めてしまうと、息詰まる可能性が増える**ということです。イベントやフェスからの帰りには「面白かった」ではなく、「楽しかったね、良かったね」と言えるようにしたいということです。


私事ばかりで恐縮ですが、ありがたいことに、読者から「私の住んでいる近くでお話を聞ける機会はないですか」と言われることがあります。

残念ながら、私には自分が住職をしているお寺以外の場所で講演会場や打ち上げ場所を調べてセッティングしたり、受付など運営のスタッフを集めることはできません。その旨を告げて「あなたが講演会を企画してください」とお願いします。「交通費と宿泊代を出していただいて、打ち上げで一杯飲ませていただければ、とてもうれしいです」とつけ加えることも忘れません。

多くの方は尻込みしますが、私は現在のお寺に住むようになって三十年間、お寺を会場に、仏教やお寺に親しんでもらおうと、さまざまなイベントを企画してきました。

タマゴを割らないとオムレツは作れません。誰かが割ってくれるのを待つより、自分で割ったほうが確実にオムレツ作りに近づけます。

作った機会は、来る機会より的確なのです。

「果報は寝て待て」ではなく「果報は練って待て」です。

「何か楽しいことはないかなぁ」と、楽しいことは誰かが持ってきてくれるなんて受け身の姿勢でいるより、自分から動いて楽しいことを引っ張ってみてください。

待つストレスよりも、自分から動くストレスのほうがずっと軽くてすみます。

心の天気は、自分で晴らせるのです。

「一人」が好きな人、嫌いな人

孤立する人、孤独な人、群れたがる人など、「寂しさ」や「満たされない気持ち」を基準にして、自分が気になる人や自分がどのカテゴリーに入るのか明確にしようとする傾向が盛んになっている気がします。自己啓発系の本の出版だけでなく、ネットの情報にもその傾向が見てとれます。

人間関係の希薄さ（濃密さ）を望む人、望まない人の心理から、その対応策まで、社会心理学では一定の研究成果が出ているのでしょう。具体的な事例はネットで「孤立してしまう人の五つのポイント」とか「孤独な人が強い十の理由」、あるいは「群れたがる人が陥る十の落とし穴」（タイトルは私の創作です）などで検索すれば、いくらでも出てくるでしょう。

それらの知識を土台（マニュアル）にして、自分や他人をカテゴリーの枠の中に入れてしまえば、自分や他人のことを理解しやすくなり、対応も楽になります。

私は社会心理学者ではありませんが、いつでもどんなことがあっても心おだやかでいたいという願いを持っているので、おだやかでいる（おだやかになれない）人の心理には興味があります。人間観察が嫌いではないのです。

孤立してしまう人は、他者に対する関心があまりありません（へたをすると自分自身にも関心がないように見える人もいます）。

何かの理由で、自分のことを理解してくれる人がいないことが原因の一つかもしれませんが、他人に対して関心がないので、共感もできません。

「あなたはあなた。私は私」ということで、関心を持ったり、共感したりする必要性などないと思っているようです。

そのような人が増えると社会や国が成り立たないので、国は孤立社会にしないようにさまざまな施策を講じています。

人間に対する関心がないだけで、動物や物には関心がある人もいます。

蛇足ですが、ラジオの子ども電話相談で、動物園の飼育員になるには何を勉強すればいいですかという小学生の質問に、現役の飼育員が、「動物が好きなんですね。でも、動物園の動物は人に見られるために育てられています。ですから、まず人間を大好きになってください」と答えました。見事な答えに感動した記憶があります（感動は、感じて動きが変わることです。動きに変化がなければ単なる感激です。私はこうしてみなさんにお伝えするという動きを誘発されたので、飼育員の答えに〝感動〟したのです）。

仏教では、世間から離れて一人静かな場所で瞑想《めいそう》したり、教典を読んだりすることを勧めています。孤独（一人）でいるのは悪いことではないとするのです。

教典に限らず読書は一人で行う作業ですから、本書を手にしていらっしゃるあなたも孤独の愉《たの》しみはご存じでしょう。自分の来し方、行く末に思いを馳《は》せたり、さまざまなおかげを感じたり、乱雑になっている頭の中を整理したりするための貴重な時間が孤独な時間です。

ところが、一人でいることが苦手な人もいます。

乱暴な言い方をすれば、たくさんの人の中にいないと心細いのでしょう。相手をしてくれる仲間が欲しくて仕方がないのです。

ヒマさえあればメールのやりとりをしている人は、群《む》れ中毒（私の造語です）で、一人になると不安になったり、イライラするなどの禁断症状が出ます。そういう人ほど仲間と一緒にいる写真や文章をＳＮＳ上にアップしている気がしますが、私の思い過ごしでしょうか。

もちろん仲間といるメリットもあります。

「二人でいると楽しさは倍になり、悲しさは半分になる」

とも言われます。

「集まることで始まり、共にいつづけることで進歩し、共に励むことで成し遂げられる」

と、アメリカの自動車会社の創始者のヘンリー・フォードも言っています。私も仲間と一緒にいるのは嫌いではありません。

物事は明確にしたほうがいいという考え方からでしょうか、「好き」「嫌い」でさえどちらかにしないと気がすまない人がいます。

厄介なのは「で、どちらかといえばどっち？」と食い下がる人です。それほど明確な区分を設けなくてもいいでしょう。たいした問題ではありません。


私は本書で「多い」の代わりに「少なくない」、「少ない」の代わりに「多くない」など、アバウトな表現を用いている箇所があります。

同様に「好き」の代わりに「嫌いではない」、「嫌い」の代わりに「好きなほうではない」でいいと思うのです。


自分は「一人が好き」「一人は嫌い」ではなく、**「一人でいるのは嫌いではない」「一人でいるのは好きなほうではない」くらいが、社会の中で生きていくのに丁度いいと思います。**

そして、徹底して孤独を好む人、仲間といいたい人は、社会生活で困難な状況に遭遇するのを覚悟していればいいと思うのです。

体を動かす、声を出す

私たちの体を作っている各器官は、心との絶妙なバランスの上に成り立っています。

体の不調の病は、気から影響を受け、同時に気は病に影響を受ける場合もあります。

最近では、脳だけが各器官に指令を出すのではなく、各器官同士が脳を介在せずに何らかの信号を送りあって、バランスを取ろうとしていることもわかってきたそうです。

この相互作用を上手に利用して、**体を動かしたり、声を出したりすれば、心の中にモヤモヤとたまっていたものも、霧が晴れるようにすーっと消えていきます。**

私は座って本の原稿を書いたり、お地蔵さまの絵ばかり描いているので、運動不足は自分でも充分承知しています。家内から「ジョギングでもしたら」と、よく言われます。

しかし、動物のドキュメンタリーを見て、動物は獲物を追いかけるときと敵から逃げるときしか走らないというナレーションを聞いて、ひどく納得した覚えがあるので、ジョギングはしません。

その代わり、犬の散歩で毎日四十分ほど歩いています。また、ありがたいことにお寺は一般の家より広いので、屋内だけで一日に二千歩くらいは歩いているでしょう。

あるとき、歩くのが辛《つら》そうな老僧から「自分の足でどこかへ行けるのは大切なことだ。だから、悪いことは言わない。毎日スクワットをしたほうがいいぞ」とアドバイスをもらったことがありました。

加えて、家内が情報番組で得た「一日六回スクワットをすればいい」を、そのまま私も鵜呑《うの》みにして、地味ながらもスクワットもするようになりました。

散歩とスクワットで、私の場合は気分が晴れます。なんとなくですが、気持ちがリセットされた気になります。

特に散歩の間は、見た、聞いた、匂った、味わった、触ったという五感から得た情報をそのまま受け入れて、わざと何も考えない（感想も抱かない）「歩行禅」の真似事をすることもあります。

また、木の幹を触り、その固さに感激したり、草の葉に触れて「なんてやわらかいのだろう」と感心したり、足元の土をつかんで土の湿り具合を確認することもあります。

ごちゃごちゃした人間関係が入り込む余地がない自然との時間に浸ると、特段のヒーリング効果を実感できます。


幸いにも、私は月に八回ほどご詠歌（伝統的讃仏歌）を檀家《だんか》さんたちに教えています。一回の講習は約二時間。参加者が覚えやすいように、いやが上にも大きな、通る声を出さざるを得ません。これもストレス解消には大いに役立っています。


新型コロナウイルスによる感染症のために、家の中で過ごす時間が長くなったとき、多くの人は大きな声を出すことができませんでした。

学校が休みになった子どもたちは、体は小さくても大きな声を出す親分のようなもの。成長過程のうっぷんを大きな声を出すことで発散していたのに、それができなくなったのですから、かわいそうでした。

それはお年寄りも同じことで、ボソボソと話せば会話ができる環境に数カ月もいれば、**自ずと肺活量も低下し、嚥下《えんげ》する筋力も衰えて、気分を晴らすこともできません。**

私は周囲の心配をよそに、感染防止の策を講じて、ご詠歌講習を早めに再開しました。講習に参加するかしないかは自己責任ですが、大きな声を出す場を作ってさしあげたかったのです。

お年寄りたちは「待ってました」とばかりに集まり、晴れやかな顔でご詠歌を唱え、帰っていきました。

ジャンケンは手首より先しか使いませんが、実際にジャンケンをするときは、肩から先も動きます。勢いのいい人は膝まで使ってグー・チョキ・パーを出します。

声を出すのも、声帯だけを使っているわけではありません。肺や心臓だけでなく、筋肉を総動員して声を出しています。ですから、**声を出すことも全身運動の一つ。モヤモヤを解消するのに大いに役立ちます。**

小さな子どもがどうしようもなくなったときに「ワー」と大声を出すのも、オバケが出たときやジェットコースターで恐怖を感じたときに出す「キャー」も、何かを発散するための本能だと思うのです。

この本能を上手に利用してみてはいかがでしょう。

なぜか〝ヤル気〟が出ないとき

なぜか〝ヤル気〟が出ないことがあります。仕事など、やらなければならないことがあるのにヤル気が出ないのは問題ですが、**特にやるべきこともないのにヤル気が出ないことに不安を感じるのは、仕事中毒か老化の初期症状かもしれません。**

ヤル気が出ない理由は、さまざまでしょう。

ホルモンバランスなど、自律神経系の異常は目に見えません。身体的にはこれといった異常はないのにヤル気が出ずに虚無的になるなどの症状があるなら、医療機関を受診するのが大人の対応でしょう。

自己診断して栄養ドリンクを飲み、頭を無理矢理覚醒させてヤル気を出させることもできるでしょうが、あまり健康的とは思えません。私は経験上、高価な栄養剤を飲んでやるべきことをこなしても、その効果がなくなったときの気持ちの落ち込み幅が大きいので

（科学的な証拠はありません。単なる私の思い込みでしょうが）、ほとんど栄養ドリンクは飲みません。

約六十年の人生の中で、ヤル気が出ない最長期間は二日間でした（今となってはその原因はわかりませんが、きっと失恋でしょう）。今でも、半日ヤル気が出ないことが年に十回くらいあるでしょうか。

私の場合、その状態から回復するために試すのは、まず頑張って何かをやってみることです。一つのことを無理にでも始めると、他のヤル気スイッチが勝手に入り始めるので「誘い水法」「紐付《ひもづ》け法」と勝手に命名しています。

特に頑張らなくても、スイッチが入ることがあります。お昼ご飯を食べる、犬の散歩をするなどは、普段からやるべきことを中断して行っている習慣で、昼食中も散歩中も心はアイドリング状態です。

不思議なことに、ヤル気がなくてもランチや散歩をすると、止まっていた心がアイドリングを始めて、その後ヤル気が出てくるのです。

他にも、私の場合、萎える心にムチを打って原稿を書く、講演会に出かける、ブログを書くなどが、他のことのヤル気スイッチと連動していることは明らかです。

あなたも、ふり返ってみれば、ヤル気を出すキッカケのようなものがあるでしょう。

しかし、これらの方法がいつまでも機能する保証はありません。老化と共にホルモンバランスが崩れてスイッチが入らなくなり、昔を懐かしんで「すっかりヤル気がなくなった」とぼやくようになるかもしれません。

実際、お墓参りのために玄関を訪れる（都市部のお寺は境内にお墓があります）お年寄りは「最近じゃ、体力、記憶力、なにより気力がなくなりました」とおっしゃる方が多いのです。


他にも、なぜかヤル気が出ない理由は考えられます。

それが発散不足です。ヤル気を出すには、それを疑ってみるのも一つの手です。

やらなくてはいけない仕事があるが、まだ手をつけていない。

仕事以外に片づけたほうがいいことがあるのに、まだ解決していない。

代表的なものは、貧しさ、病気、裁判などの争いごとの「貧・病・争」の三つです。こ

れらが解決していないと、健全な精神活動が阻害されるといわれます。

現代では、生きがいの欠如や、自分が何者なのかわからない「自己存在の不確実性」なども入るかもしれません。解決していないものが心の中にモヤモヤとたまっているために、ヤル気が出てこないのかもしれません。

だとすれば、やることは一つです。なるべく早く、一つひとつ片づけていくことです（片づけ方は本書の中でお伝えしていきます）。

一つひとつ片づけることはわかっていても、肝心のヤル気が出なければ仕方がありません。そんなときもあるでしょう。

この場合は、

「時と人が揃《そろ》わないと物事は動きださない。きっと、まだその〝時〟ではないし、私もまだその〝人〟ではないのだ」

と覚悟して、根気強く、忍耐強く、待つしかないと思われます。

〝流れ〟をよくできる人、できない人

自分の考えや意見は正しいと思っている人が、自分の考えや意見とは違ったことを聞いたとき、「普通はそう考えないでしょう」とか「常識からいって、そんなことはないですよ」と反論することがあります。

言われたほうは「あなたにとって、普通とか常識って何なのですか」と噛みつき、〝普通〟〝常識〟論議が際限なく続きます。

ある人にとっては常識でも、ある人にとっては常識ではないことが世の中にはたくさんあります。「坊主の常識、世間の非常識」だけでなく、「男の常識、女の非常識」など、ちょっと探せば街中の郵便ポストの数くらいはあるでしょう。

それほど、同じ状況に遭遇しても、人の対応はさまざまです。切羽詰まった、あるいは緊張を強いられる状況でも上手にストレスを発散できる人もいれば、発散できない人もい

ます。

上手に発散している人の中には、それまでの経験で「こういうときは、こうすればストレスがやわらぐ」と知っていて、意識的に発散している人がいます。

あるいは、意識して発散しているうちにそれが染みついて、意識しないのに発散できている人もいます。


ストレスを受けるような状況の中で、上手に発散している人の発散方法をいくつかご紹介しましょう。

心をリフレッシュするために深呼吸する人、歯磨きをする人、ストレッチをして体だけでなく心までほぐそうとする人もいます。これは日常の中で使っている心や体のリフレッシュ法の条件反射を利用して、ストレスがかかる状況の中でもそれを使って上手に発散する方法でしょう。いわゆるルーティーンの活用です。

仕事のプレゼンテーションなど、人前で話さなくてはいけないとき、緊張して乾く唇を蛇のように何度も嘗《な》める私のような人もいます。そんなときの緊張をやわらげるために昔から言われている方法に「聞いている人の頭をカボチャだと思え」がありますが、失礼だと思います。

あるとき、ドキドキしている私の横で、先輩が**「君のドキドキは、心の応援団が手拍子して応援している音だよ」**と言ってくれて、ドキドキが勇気に変わったことがありました。

ドキドキを心の応援団が出している音と思えるようになってから数年たったある日、「あなたは人前で緊張しないで話ができるようですが、コツはなんですか」と聞かれました。私はすぐに、

「人前で話すときはいつだって緊張していますよ。緊張していなければ相手に失礼です」

と答えました。

緊張をいけないものとしないで、そのまま楽しむ――これもまた、私の緊張を力に変える方法です。

他にも、ストレスがかかるのは楽な状態ではありませんから、せめて楽しむ算段はないかと考えることがあります。「ラク」と「タノシイ」は同じ漢字（楽）ですが、楽でなくても楽しむことはできると思うのです。

レストランでメニューを渡されると、とりあえず目についたお料理の名前を、注文する

わけではないのに読みあげてしまう人がいます。「へぇ、オムライスだって」「オムライスでございますか」「いえ」「……」という具合です。横で注文を待っている店員さんは気が気ではありません。

同席している私は店員さんに「これも一つの読書なんです。メニューを音読しているんです」と説明するようになりました。

きっと、そんなお客さんがたくさんいるのでしょう。多くのお店では「注文がお決まりになりましたらお呼びください」と対応するようになりました。これもストレスをためない、お店側の一つの方法でしょう。

このように上手に発散できる人は、ストレスをとり除いたり、ストレスを別の力に変えたり、ストレスをストレスとして受け入れるなど、たくさんの方法を知っていて、その時々に応じて方法を変えたり、試したりしていて、自分なりの成功法にたどり着いています。

あなたが発散上手ならば、問題はありません。

しかし、周囲に発散が下手な人がいたら、「こんなふうに考えて、こうするといいかもね」とアドバイスしてあげたいものですね。

「自分は正しい」がストレスになる

「恕」は「如＋心」で、相手を自分の如《ごと》く見る心の意味から「恕《ゆる》す」「寛大な心で扱う」「思いやる」などの意味を持つ言葉です。僧侶仲間にも恕を僧名で使っている人が少なからずいます。

〝自分がしてもらいたいことを相手にもする、自分がしてもらいたくないことは相手にもしない〟は、小学生の頃に誰でも教わり、人生を進んでいく上でとても大切なルールの一つでしょう。

ところが、成長するうちに、この軌道からそれてしまうことがあります。相手と自分が切り離されて、相手がどんな思いをするか、しているかをわが身の如く考えられなくなってしまうのです。

こうなってしまった人は、多くのことを自分という軸でしか考えられなくなってしまい、批判ばかりするようになります。批判される側のことを思いやることはしません。批判される側がどうしてそんなことをしたのか、せざるをえなかったのかまで思いやることなど忘れてしまったかのようです。

そのような人は、SNS上に多く見ることができます。私は、自らのことは顧みずに他人に批判的なコメントを見ると、他にやることはないのかと呆れてしまいます。

ある自治体で全世帯に防災ラジオが配布されました。すると、SNS上では「見た目がチャッチイ」「手回し充電のハンドルが安っぽい」「私のスマホのプラグに対応していない」など好き勝手な文言が次々に飛び交います。防災ラジオ全世帯配布の企画を立てた人、実際にラジオを作った人、配送の段取りをした人への共感はなく、感謝の気持ちも感じられません。

きっとそういう人は、冬は寒くていやだ、春は花粉が飛んでいやだ、梅雨《つゆ》はジメジメしてイライラする、夏は暑くて頭にくる、秋は落ち葉が汚いなど、一年中文句を言いつづけているのでしょう。

まったく、他にやることはないのですかと言いたくなります。

平成時代の終盤から、こうした流れに〝正義〟を振りかざす一団が加わりました。社会道徳に反することをした人を、正義の御旗《みはた》のもと、自ら糾弾に乗りだす独りよがりのヒーローたちです。

多くは匿名ですが、これは名乗るほどのものではありませんという謙虚さの表れではなく、「自分がしてほしくないことは相手にもしない」という「恕」の精神を忘れてしまった恥を隠すためでしょう。揶揄《やゆ》的な意味をこめて〝正義警察〟とも呼ばれます。

すでに、識者から「こうした正義を振りかざす人は、現実の生活が充実していない人に多い」という分析がなされています。〝正義〟に浮かれているために、自分が非道に走っていることに気づくこともなく、気づかせてくれる友人もいないのです。私もその分析は〝当たらずとも、遠からず〟だと思います。

ネット上で、匿名で他人を糾弾するヒマがあったら、現実の生活の中で親孝行の一つでもしてはどうかと思うのです。

「おはようございます」「ありがとうございます」と笑顔で言えるほうが、ずっと大切だと思うのです。

実生活が充実してくれれば、自分がしてほしいことでも、人によってはしてほしくないことがあるのもわかります。自分はしてほしくないことでも、相手がそれを望んでいる場合があることもわかるようになります。そのようにして、さらに実生活が充実（リアルが充実）してきます。

そうなれば、「発散」を気にしなくても、知らずに発散できる生活が送れます。

独りよがりの正義感や正当性をいくら披瀝《ひれき》したところで、残念ながら誰も敬意を払いません。正義の旗を振りまわしながら英雄気取りで歩いていても、後ろをふり返ったら、誰もついてこないことに愕然《がくぜん》とするでしょう。自分が歩いてきた正義の道には、可憐《かれん》な花一つ咲いていないことに呆然《ぼうぜん》とするでしょう。

人を糾弾するよりも、人の心に花を咲かせることをやったほうがいいと思うのです。

SNS上で正義を披瀝できるくらいなら、リアルな世界で自分や他人の心を育てることくらいできるでしょう。

2章

ガマンしすぎないコツ

単調すぎる日が続くと……

忙しい日々が続くと「ああ、のんびりしたい」とため息を漏らし、のんびりした日が続くと「ああ、変化がほしい」と喉《のど》の奥まで夕陽が届くほど大きなあくびをします。そして実際に目まぐるしく変化する生活が続けば単調な生活に憧れるのですから、人間とは勝手なものです。

忙しいにしても、のんびりした日にしても、どちらも同じことをし続けると飽き飽きしてしまうのでしょう。

ただし、それが悪いわけではありません。漢字の書き取りや坊さんの修行も、同じことを繰り返すから身につく技術や実力なのです。そもそも仏教も、二千五百年間、同じことを説き続けているという意味で、大いなるマンネリと言えるのかもしれません。

忙しい状態でもヒマな状態でも（この二つは一見矛盾するようですが、変化続きの状態も、ずっと変化ばかりしているという意味で単調です）、それが続くと何となく心にモヤモヤとしたものがたまってくるのは、人類のＤＮＡに刻まれたシステムで、脳科学がそれを明らかにしてくれるかもしれません。

しかし、モヤモヤがたまるのは仕方がないと、諦めることはできません。

将来、人類が太陽系や系外惑星探査に出かけるときは、何年、何十年も宇宙船の中で単調な日々を過ごさなければなりません。宇宙飛行士たちのモヤモヤが原因でミッションが失敗するのは避けたいでしょう。

そのためにも、単調な生活が私たちの心を不活性化させる原因究明の研究成果には期待したいところです。その成果は、私たちの日常生活にも大いに役立つはずです。それまでは、試行錯誤をしながら自分なりに単調な生活をやりくりするしかないでしょう。

そこで、仏教的なアプローチをご紹介します。

私たちは忙しければのんびりしたいと思い、のんびりしていると変化を望みます。

変化が多いと逆の単調な生活を望んでいる自分に「我ながら勝手なものだ」とニヤリと笑って呆れてしまうのも、現実をそのまま受け入れる覚悟をするという意味で、いい方法です。

大切なのは、単調な生活にウンザリし始めたら、**まずウンザリしている自分に気づくこと**です。

次に、**自分は今と違ったどんな生活を望んでいるのかを明らかにすること**です。のんびりしたいのか、変化がほしいのか、変化と単調のバランスがとれた生活をしたいのかなどを明確にするのです。目標を明確にして、具体的に動き出さなければ、現状は変わりません。

そして、のんびりしたいのか、変化を望んでいるのかが明確になったら、次にやるのは、その目標は自分の努力だけで達成できるのか、自分の努力だけではどうにもならないのかを明らかにすることです。

自分の努力でどうにかなるのなら、やればいいのです（ここで「やればいいと言うけれど、それができないから苦労しているのだ」と思うようなら、お悩みメリーゴーラウンド。事態は一向に好転しません）。

一人暮らしが単調だと思うなら、ルームシェアするか、シェアハウスに入居するか、同棲するか、結婚するかでしょう。

しかし、その生活を始めてもすぐに飽きて一人の時間がほしいと思うようになるでしょう。

そうしたら、一人になれる時間と空間を作ればいいのです。

臨機応変、行き当たりばったりで乗り越えていく覚悟さえしておけば、人生はとてつもなく愉快です。

会社と自宅の往復が単調と思うなら、三日に一回は通る道（路線）を変えるなど、いくらでも方法はあるでしょう。

自ら作る変化は、向こうからやってくる変化よりも、あなたにとって、ずっと的確です。

単調な生活にも「忍耐強さを鍛練する」「実力や技術が身につく」などの意義を見出した上で、心の変化という風を日常の中で吹かせてみてはいかがでしょう。

「ツマラナイ」を招く心の状態

自分の関心があること以外に興味を示さない人がいます。

じつは示さないのではなく、示せないのかもしれませんが、四十歳になるまでの私がそうでした。

そんな人がよく口にする言葉に、**「ツマラナイ」**があります。

世の中には膨大な量のできごとがありますが、関心領域が狭ければ狭いほど、必然的に自分に関係ないことが多くなり「ツマラナイ」ことが多くなります。

「詰まる」はもともと、ある空間に隙間なくいっぱい入っている、まるでM&M'Sチョコレートがギュウギュウ詰めになった袋のような状態のことです。この空間を心に置き換えれば、心にまだ隙間があり満足できないのが「詰まっていない」＝「つまらない」状態です。

四十歳になるころ、使っていた掃除機に「フィルターを掃除してください」というサインが出たことがありました。指示に従っていれば間違いがない、かりに間違っていたら指示を出した側に責任転嫁できるという処世術を身につけていた私は、真面目にフィルター掃除をしました。

洗面所で薄い四角のスポンジフィルターを洗い、薄汚れた水が出てくるのを見たときでした。「掃除機のフィルターだけではなく、私の心も目詰まりしているのかもしれない」と思ったのです。

「ツマラナイ」が口癖の人ほど、心のフィルターが詰まっているというのはややこしい話ですが、**「心の風通しが悪くなったときに出る言葉がツマラナイである」**というのが、現在の私の結論です。いまでも掃除機やエアコンのフィルターを掃除するときには、自分の心が目詰まりしていないかをチェックしています。

やはり四十代のころ、ベテランの村上正行アナウンサーに「聞き上手のコツはありますか?」と質問したことがありました。

するとすぐに「それは〝初めて〟という心の張りを持つことです」と答えてくれました。よくわからない顔をしている私に、村上さんは次のように補足してくれました。

旅行に誘うと、「そこは五年前に行ったことがある」で話が終わってしまう人がいます。五年前とは一緒に行くメンバーも違うし、季節だって違うでしょう。なにより自分は五歳年を取っているのですから、同じはずがありません。

新しくできたレストランの話をすると、「先週行ってきた」と自慢する人がいます。さらに「材料はいいんだけど、味付けがイマイチだった」と、これから行く人の楽しみをゴッソリ奪って知らん顔をしている人がいます。

このような人は心のスポンジに泥水がたまっているようなもので、どんなにきれいな水に浸しても吸い込む能力なんかない――それが村上さんの分析でした。

「だから、私たちは心のスポンジをカラカラにしておくんです。そうすれば、何度も聞いた話だって、新鮮な気持ちで聞けるんです。それが〝初めて〟ということに対する心の張りってことですよ。そして、それが聞き上手のコツです」

私は泥水がたっぷりたまった自分の心を、目の前に突きつけられた気分になりました。

そして気づいたのは、**心のスポンジに泥水がたまってきたときに出る言葉が「ツマラナイ」なのだ**ということでした。

村上さんのおっしゃる心のスポンジも、私が気づいた心のフィルターも、同じ意味です。

これが目詰まりしていると、イライラやモヤモヤが行き場を失って心の中にたまります。

目詰まりをなくす最も簡単な方法は、フィルターの目を広げることです。関心領域を広げるのです。心のスポンジをカラカラにしておくことです。

多くのことに「へぇ!」と驚き、「どうして?」と疑問を持つようにするのです。

そうすると目詰まりが解消されて、心の風通しがよくなります。風通しがよくなると、より広範囲のこと、遠くのことにも関心がわき始めます。

注意して周囲を見れば、不思議なこと、愉快なことはたくさんあるものです。

「苦」への対応はそれほど難しくない

私たちが日々抱く、「ちぇっ」、「嘘でしょ」、「何でだよ！」などのネガティブでマイナスの感情を総称して、仏教では「苦」と言います。

苦の定義は「自分の都合通りにならないこと」です。この定義に反論の余地はないように思われます。

私たちは、物事が自分の思い通りになっていればイライラもしないし、文句も言わなくてすみます。ですから、ネガティブでマイナスの感情が起きるのは、いつだって自分の都合が叶《かな》っていないときなのです（他人の都合は関係ありません）。

仏教は、この苦から解放されることに特化したコンテンツと言っていいでしょう。いつでも、どんなことが起こっても苦から離れ、心おだやかでいるための教えが、二千五百年説き続けられてきたのです。

洋の東西を問わず、昔から苦をなくすための方法は二つあります。

一つは西洋的な考え方で**「努力して都合を叶える」**方法。

私たちの家にある掃除機、冷蔵庫、洗濯機、エアコンなどの家電製品などの発明品は、ことごとく私たちの都合を叶えるために作られました。おかげで暮らしの中の苦が少なくなり、楽になりました。

苦をなくすもう一つの方法は、インドや東南アジアの文化圏の**「都合そのものを少なくする」**という方法です。

仏教の考え方もこれに当たります。この方法を消極的だとして嫌がる人がいますが、心おだやかな人になるという目標のためには、あなどれない方法です。

昼時にレストランに入ったらお客さんが満員でウンザリ顔になったら、「まあ、昼時に来る私がいけないのだ」と納得すれば、混んでいるのは仕方がないと、キレイに諦めることができて、苦は減ります。

天気予報でにわか雨の予報が出ていたのに高を括《くく》って傘を持たずに出て、雨が降ってきたら一瞬嫌な顔になるでしょうが、「私の判断が甘かったのだ」と思えば、それほど苦を感じずに雨宿りできたり、「これで予備のビニール傘がもう一本増えるぞ」とウキウキすることさえできます。

何十年も生きているのですから、苦への対応は早めに身につけておきたいものです。**その対応策は、それほど難しいことではありません。**

嫌なことに出合ったら、自分はその状況をどうしたいのかという自分の都合を考えます。バスに乗ろうとバス停に行ったところ、走り去っていくバスの後ろ姿が見えて眉間にシワが寄ったら、まず「私はあのバスに乗りたかったのだ」と自分の都合を明確にします。次にやることは、自分の都合は自分の努力で叶うものなのか、自分の努力だけでは叶わないのかを判断します。これからダッシュでバスを追いかければ次のバス停で乗れるか、バス会社に電話して自分のために臨時のバスをすぐに出してもらえるかなど(これだけ考えていてもけっこう楽しめるものです)。

自分の努力だけでどうにもならないことにイライラしても、意味はありません。

もちろん、自分の努力だけでは達成できないことでも、都合を叶えるために微力を発揮できることはあります。選挙の投票などは、そのいい例でしょう。

そして、自分の努力で都合が叶いそうなら、そうなるように努力すればいいのです（すべての努力は目標が明確になっていないと、驚くほどあっけなく挫折します）。

「言うは易《やす》し、行うは難し」ですが、右の簡単な手順を知って、少しでも実践すれば、心の風通しがよくなり、イライラの種が何処《いずこ》ともなく飛んでいってしまいます。

改めて申しあげますが、イライラの種を発散させるために最も大切なのは、**「私は今、イライラしている」「マイナスでネガティブな感情を持っている」と自覚すること**です。

この気づきがなければ、苦から解放されるのは至難の業でしょう。

イライラしても、それに気づいて手段を講じればいいのです。

人生に無駄なものは何もない

中国の塞《さい》というおやじさん（国境のとりで近くに住んでいた老人のこと）がせっかく名馬を手に入れたのに、息子がその馬から落ちて足を骨折し、足が不自由になったので兵役を免れて戦で命をなくすことはなかった

――このように禍福は何が幸いし、何が禍《わざわい》になるかはわからないのが世の中だというのが、中国の古典『淮南子《えなんじ》』に出てくる「人間万事塞翁《さいおう》が馬」の譬《たと》え。

どんなことにも原因があり、その原因に縁が寄り集まって、結果になるという「縁起」の法則から釈迦《しゃか》が導き出した「どんなことでも、同じ状態を維持することはできない」という諸行無常の原則を、「人間の禍福」に当てはめると、この「塞翁が馬」になります。

何が幸いの種となり縁となるか、禍の因《もと》となり縁になるか、私たちに窺《うかが》い知れないこと

はとても多いものです。
安心、安全、安定が好きな人は、変化を嫌います。言い換えれば、変化に対応する自信がないと言えるでしょう。
考えるのもおぞましい予測を勝手に立て、どうなってしまうのだろうと、ただ不安におののくだけだと、不安は視野を狭め、心の弾力性を失わせていき、悶々《もんもん》とした日々を過ごすことになります。

こうした不安に上手に対応するには、仏教の「善・悪」の考え方がとても参考になりますし、私もこの方法で心のモヤモヤを解消しています。
仏教では**「善や悪は、そのときには決定されず、時間が経過しないとわからない」**とします。仏教は心おだやかに過ごすための教えなので、善は心がおだやかでいる状態、悪は心乱れる状態です。

善いと思ってやったことでも、時間が経過して心を乱す原因になったのなら、やったことは悪だったということです。悪いことをしても、それを後悔して同じようなことから遠ざかっていられるようになれば、結果として心おだやかになっているので、悪いと思ったことは善であったということです。

もちろん、それさえ途中経過の一つであって、その後再び善になるか悪になるかはわかりません。


同じ出来事に出合ったときに、「あのおかげで」と感謝して心おだやかでいられるようになるか、「あのせいで」と自分の不幸を他のせいにしてしまうかは、その人の裁量です。

心おだやかになれた人は、自分が出合ったことすべてが善となります。

そこから**「あなたの人生に無駄なものは何もない」**という考えが出てきます。

自分の人生に無駄なものはないと思えるようになったら、心の窓が大きく開放されて晴れ晴れとした気分でいられる時間が増えます。


不安は、将来起こることへの恐怖から気持ちが落ち着かないさまを表す言葉です。

将来、生活費が足りなくなるのではないか、未知のウイルスに感染するのではないか、仕事以外に何も趣味がないので退職したら生きる希望を持てなくなるのではないかなど、不安材料は尽きません。

しかし、いくら不安を抱えていても、心配していたことが実際に自分の身に降りかかるかどうかは、そのときになってみないとわかりません。

この点は、仏教の「善・悪」の考え方と同じです。

時間が経過しないと、不安に思っていたことが実際に起こるかどうか、わからないのです。


仏教は、幸いなことに「心おだやかな人になりたい」という最終目標があります。生活費に困らないように、ウイルスに感染しないように、仕事以外に趣味を持つなどの方法を説くことはしません。

生活費が足りなくなっても心おだやかでいる、ウイルスに感染しても心おだやかでいる、これといった趣味がなくても心おだやかでいられる方法を説き続けています（具体的には本書の中で少しずつお伝えしていきます）。

不安の種が尽きない以上、一つひとつの解決策を考えるより、恐れていた事態になったときでも心おだやかでいられるという汎用的な考え方を持っていたほうが、ずっと効率的でしょう。

では、どうすれば不安を軽減して、少しでも心おだやかでいられるかといえば「塞翁が馬」を土台にして、何がどうなるかはわからないと、まず覚悟しておくことです。

そして、すべては変化してやまない諸行無常の世の中にどっかと腰を据えて、変化を楽しむ心を少しずつでも養っておくのです。

物事は常に変化するので、変化するのを不安に思っていれば死ぬまで（否、死んでも）不安にさいなまれることになります。

そろそろ、多くのことに応用がきく「変化を楽しむ（柔軟な）心」を養い始めませんか。

毎日、義務をこなすだけで精一杯なとき

「やらなければならないこと」=「義務」ですが、義務としてやっていれば、強制されている気がして、どことなく窮屈な気がします。

日本国民の三大義務は、教育を受けさせる、税金を払う、働くの「教育・納税・勤労」。教育と納税の義務は犯せば罰せられます。罰則があるというだけで、義務は重いものという意識ができあがっていくのでしょう。

もちろん、義務を果たすことで生まれる権利もあります。義務と権利は表裏一体で、納税の義務を果たすから、鋪装《ほそう》された国道を使う権利も発生します。修行という義務を果たすから所属する宗派から「僧侶」と名乗る権利が与えられます（僧侶は国家資格ではありませんし、宗派に所属しない、お寺に属さない僧侶もたくさんいるので「私は僧侶です」と言った者勝ちです）。

給料をもらう権利、同じ家に住み続ける権利、友達でいる権利などを主張するためには、働く、家事を手伝う、共感するなどの「やらなければならないこと」があります。

しかし、「このために、私はこれをしなければならない」と自分を枠に押し込めてしまうと、捌《は》け口がなくなり、嫌々やる羽目になることもあります。

嫌々やるのは精神衛生上好ましいことではありませんし、心おだやかな状態でもありませんから、そうなる前に「義務」を別の角度から解釈し直したほうがいいでしょう。

私は五十代で別の解釈を二つ加えることで、自らを締めつけていた枠をゆるめることができました。

一つは**「恩返し理論」**、もう一つは**「お役立ち理論」**です。

「やるべきこと」を「恩返し」と思うのはとても有効な方法で、お坊さんが皆さんの耳にタコができるほど「おかげさま」を説くのはこのためであったかと、ひどく納得した覚えがあります。

おかげを感じることができれば、恩返ししようという気持ちも起きてくるのです。

給料をもらう恩返しとして働こう、同じ家に住まわせてもらっている恩返しとして家事を手伝おう、友達でいてくれる恩に報いるためになるべく共感しようと考えることで、義務という重圧が払拭されます。

恩返しをする感性は、逆に「おかげ」に気づき、感謝できる、ひいては自分が幸せであることを自覚できるという三段にも四段にもなった重箱のような良い効果もあります。

何か頼まれて迷惑そうな顔をしている人がいたら「ご恩返しだと思ってやってみたら」とアドバイスしてあげるといいと思うのです。

お寺にやってくるお年寄りの中に「毎日元気でいるのが、ここまで生きてきたご恩返しだと思っているんです」とおっしゃる方がいます。「こんな年寄りでも世間はよくしてくれますからね、そのご恩返しに、両隣の家の前の道路も掃除させてもらっているんです」とおっしゃる方もいます。

ところが、この「ご恩返し理論」には一つ欠点があります。それは「ご恩返しができなくなったとき」です。右のお年寄りでいえば、元気でなくなった、体がつらくて掃除ができなくなったときです。それまで自分がご恩返しすることで自分の価値を確認していたのに、それができなくなるときがくるのです。

そのときが「お役立ち理論」の出番です。人の欲求の中には「役に立ちたい」「認められたい」があるといわれます。自分のやっていることが誰かの、何かの役に立っているとわかれば、義務という言葉の出番はありません。

税金を「ご恩返し」と考えて納めるのは、今のところ私も難しいですが、これを「誰かの役に立つのだ」とすれば、気持ちよく納めることができます。

仕事も誰かの、何かの役に立っています。元気がなくなり、近所の道路掃除ができなくて、家に引き込もってテレビを見ていても、テレビ番組を作った人に「この番組を見てくれる人がいる」というやりがいを提供するという意味で役に立っています。

入院すれば医療関係者がもらう給料の役に立っていますし、医療技術の向上にも役立っているのです。

直接役に立てなくても、間接的には必ず何かの役に立っているのが私たちです。

自転車のタイヤの空気がパンパンに入っていると、路面の凹凸をそのまま振動として拾ってしまいますが、空気を少し抜くと快適に走れます。

「やるべきこと」を「義務」と考えずに、「ご恩返し」「お役に立てるなら」と考えることが、入りすぎた空気を少し抜く役目を果たすのです。

眉間にシワを寄せていませんか？

眉間にシワを寄せた表情で、私がまず思い出すのは、思慮深そうな（困った？）顔をしている犬のパグ。

人懐っこいパグに出合うと「お前さん、何をそんなに世界の不幸を全部一人で背負っているような顔をしているんだい」と、皮を引っ張ってシワを伸ばしてやりたくなります。

仏像では、お不動さまをはじめとする明王たちが眉間にシワを寄せています。

この場合は、人びとをどう救おうか考えているわけでも、困っているわけでもありません。心が弱い人を怒りの形相で叱り、勇気を出させて心おだやかな境地に導こうとしています。親がおっかない顔をして子どもを叱り、正しいことをやらせるのと同じです。

眉間のシワは、私たちの心の状態を目に見える形で正直に表しているのでしょう。

目に見えるので、眉間にシワを寄せている人がいれば「どうした？」と気遣いすることもできます。

私たちの眉間にシワが寄るのは、相手に対する怒りや不快感のほか、体の痛み、目の疲れ、さらには心配ごとや、思い通りにならないことがあるときなどです。

心の状態が表情に出るのは、私たちの中にあるバランスをとろうとする力が働いているからでしょう。心で思っているだけではどこかにひずみが出てくるので、それを表情で発散してバランスをとろうとしているのだと思うのです。カチンときているのにポーカーフェイスでいれば、うっぷんがたまります。

体の痛みや目の疲れなどで眉間にシワが寄るのはしかたがないでしょうが、ささいなことで寄せたくはありません。なるべく多くのことに笑顔で対処したいもの。

〝笑顔に勝る化粧なし〟です。

買い物をしてレジに向かったら大勢人が並んでいるのが見えて、眉間にシワが寄る。

ネット上で自分と関係のない広告が頻繁に表示されて、いちいち削除するのにイラ立ち、眉間に縦《たて》ジワができる。

SNS上の無責任な誹謗《ひぼう》中傷のコメントを見つけて、お不動さまのような形相になる。

暑さ、寒さ、強風などの自然現象に遭遇したときに嫌な顔になる。

自分がやろうとしている（やっている）ことを中断せざるを得ないときに、困った顔になる

――どれも私が経験したことです。

「このままだと遠からず眉間の縦ジワが深い、ムズカシイ顔をした哲学者のような顔になる。いつでも、どんなことが起こっても心おだやかでいたいと願う仏弟子として情けない」と思いました。

そして、考えました（仏教でいえば智恵を働かせたということです）。

おかげで、眉間にシワが寄るようなことが、ほとんどなくなりました。

レジに人がたくさん並んでいるのを見れば「私には早く買い物をすませたいという都合があるけれど、並んでいる人たちにもそれぞれ都合がある。お互いさまだ」と冷静に考えて、人間観察をしながら順番を待ちます。

ネット上に現れる自分とは関係がない広告も同様に考えて「せっかく広告を出したのに削除して申し訳ない」と思いながら削除ボタンをクリックします。

SNS上で、他人を攻撃するコメントを読んだときも「この人にもコメントしたい事情があるのだろうが、相手を変えようとするばかりで、一体この人自身はどんな人になりたいと思っているのだろう」とサラリと考えるだけにして、そのコンテンツから離れます。

暑さ寒さなどの自然現象に対しては、自分の力など及びもしない自然現象に眉間にシワを寄せるのは馬鹿げていると思って、私にとっては嫌な、この寒さ（暑さ・強風）を喜んでいる人はいないだろうかと考えます。

やっていることを中断して他のことをやらなくてはいけないとき（主に家内が中断します）は、「長くても数時間で再開できるだろうから、たいした問題ではない」と、早々に諦めることでシワは寄らなくなります。

このように、ささいなことで眉間にシワを寄せないですむ方法はたくさんあります。

クイズに答えるつもりで考えてみてはどうでしょう。知らない間に、楽しく眉間ジワを解消できますよ。

「マイルール」で疲れている人へ

私は子どものころから親を勝手に誤解して、親は矛盾したことを平気で言って子どもを従わせようとすると思っていました。

ちょっと人と違ったことをしようとすると「周りを見てごらんなさい。誰がそんなことやっているの。誰もしていないでしょ」と言われて我慢させられました。

「誰もしていない」が、私がやりたいことを制止する魔法の言葉です。

一方、はやりのことをやろうとすると「お寺に住んでいるんだから、そんなことをしたら変でしょ」と言われます。「だって、友達だってやってるよ」と反論します。誰もしていないことが制止の理由になるなら、誰もがやっていることはむしろ推奨されるべきことのはずです。

ところが親は「人は人、自分は自分でしょ」と驚くべきことを言います。この「人は人、自分は自分」という理屈が通るなら、やりたいことがあったときに制止された「誰もしていないから」という他人を持ち出した理論は破綻します。子どもだってその矛盾には気づきます。

しかし、子どもだった私は反論できません。反論すると親に嫌われる可能性があり、嫌われれば生きていけないからです。

「誰もしていないからしない」と「人は人、自分は自分」という、一見矛盾する親の理論が、ちっとも矛盾していないことに気づいたのは、すでに両親が亡くなり、私が五十歳に近づいたころでした。

親が「誰もしていないから、してはいけない」と言うのは、「誰もそんなことをしていないのには理由があるからだ。その理由を自分の頭で考えてごらんなさい」という意味だったのです。もとより「人は人、自分は自分」は、その他大勢を引き合いに出さずに、自分で考えてごらんという意味です。

つまり、どちらも「自分で考えてごらん」と、主体的な生き方を勧めていたのです。

親だけでなく、小学校でも教室の黒板の上には「自分で考える子」などが目標として掲げてありましたから、子どものうちに主体性を育てるのは、とても大切なことなのでしょう。
そのおかげで、私たちは自分で考えるようになります。他人の意見にすぐ同調する付和雷同ではなく、和して同ぜずという生き方ができるようになり、自分なりのルールを作るようにもなります。自分の力でなんとかする、人を裏切らない、お金が大事など、あなたにも自分で作ったルールがあるでしょう。

しかし、自分で決めたルールに縛られすぎて、心おだやかでいられなくなるときがあります。
そんなときは、どんなこともさまざまな縁が集まってくるので、結果はいつも一緒ではないという諸行無常の原則を思い出したいものです。**自分で作ったルールでも、作ったときと状況が変われば、ルールを一度放棄したり、別のルールで代用することは悪いことではないと知っておくのです。**

人生をある程度歩いてきた人の中に、自分が歩いている道がこのまま行けばどこへ向かうのか、ときどき立ち止まって考える人がいます。

自分の力だけでやっていると思っても、多くの人の助けを借りているものです。その助けに気づかなければ、独りよがりな生き方になるでしょう。

人を裏切らないと決めても、相手から裏切ったと思われてしまえばルール違反になります。お金は大事ですが、そのままでは損得だけで動く信用できない人になっていくかもしれません。

人のやり方には、「正しいやり方」と「間違ったやり方」と「私のやり方」があるそうです。

正しいやり方が本当に正しかったかは、後にならないとわかりません。

間違ったやり方を進んでやる人はいないでしょうが、**結果的に私たちは「自分のやり方」しかできません。**

物事に取り組むとき、幅の狭い「自分のルール」で対応するよりも、もっと融通のきく幅の広い**「とりあえずの、今の、私のやり方」としておいたほうがいいと**思うのです（このとき、他の人のやり方はとても参考になります）。

「仕方がない」と「当たり前」は魔法の言葉

「仕方がない」という言葉を使うとき、目の前の問題を解決できずに挫折する自分を情けなく思う人は少なくありません。問題の解決努力を放棄するのですから、現状に惨敗したような気分になることもあります。

しかし、この「仕方がない」を、情けない自分や挫折感とセットにしておくのはもったいないと思います。

私は「仕方がない」と、とことん納得することで、どれほど心がおだやかになったかわかりませんし、これからも心おだやかにしていく魔法の言葉として「仕方がない」を使うのは間違いありません。

日本語の「あきらめる」は「明らめる」と同源です。夜が明けて太陽が昇り明るくなり、物の形や色がはっきりあきらかになっていくことが「明らめる」です。明るくなるから、物事が明らかになります。

同じルーツの「あきらめる」も、本来は、物事の真相が明らかになって「こういうことか」とわかるから、あきらめられるというのです。

漢字の「諦める」に使われる「諦」は「つまびらかにする、いろいろ観察をまとめて、真相をはっきりさせる」という意味で、仏教でも大切な言葉として使われます。

心おだやかな人になるためには、物事の真相がわからないといけないと考えるからです。

どんなことにも原因があり、それにさまざまな縁が集まって結果になるという**縁起の法則**も、物事の真相です。

次々に縁が変化するために結果もどんどん変わってしまうので、どんなことも同じ状態を保てないという**諸行無常**も、この世の真理です。

結果が次々に変わっていくので、物事には永遠不変の実体はないという**空**《くう》の考え方も、真相を見極めた成果です。

私たちのマイナス、ネガティブな感情はすべて自分の都合通りにならないときに起こるというのも、私たちが抱える苦の明らかにされた真相で「諦」と呼んでさしつかえありません。

ですから、真実のあり方を見極めて、諦めた（明らかにした）上で「仕方がない」とするのは、一つの悟りと言っていいでしょう。

ゴジラに輪ゴム鉄砲で挑むのは、無理を通り越して無茶です。それがわかれば、ゴジラに対して輪ゴム鉄砲で挑んでも仕方がないのです。挑まなかったからといって、誰もあなたを責めません。

ユーカリの葉っぱだけ食べて生きていきたいとどんなに願っても、人間にはそれは無理です。願っても仕方がないのです。

この時代に、あなたの両親の間に生まれたことも、あなたにはどうすることもできないことが明らかですから、仕方がないと諦めざるを得ません。

このように、**自分の力だけではどうしようもないことは、「仕方がない」と諦めたほうがいいのです。そのほうが効率的に前に進んで行けます。**

この場合は「仕方がない」と同様に、「**当たり前**」も、魔法の言葉になります。**私たちは当たり前だと思っていることには、腹も立たなければ、きれいに諦められるものです。**

しかし、自分の力だけではどうしようもなくても、ゴマメのハギシリ的に自分の力を加えることで、現状が変わる可能性があることもあります。

会社などの団体や組織では一人の力は微々たるものですが、小さな歯車でも全体を動かすのですから、現状を変えたい、あるいは現状維持がいいなどの願いがあるなら、自分ができることはしないともったいないでしょう。

中途半端なところで挫折したり、放棄したりするのは難しいことではありません。「やーめた！」と宣言すればいいだけです。しかし、それでは後悔を引きずり、他人からの信用を失うこともあります。

それがいやならば、**自分なりにやるだけやってそれでもダメなら、そこで「ここまでやってダメだったのだから、仕方がない」と諦めればいいのです。**

「仕方がない」と諦めていいのは、自分の胸に「ここで諦めて、後悔しないか」と問い、「今は諦めることを正解として進むしかないので、後悔しない」と腹に落ちる場合でしょう。

3章

〝ためこまない人〟が一番強い

成果を上げれば尊重される

多くの人にとって、日常の大半の時間を占めるのが仕事です。

いくら休日に仕事のストレスを発散して楽しもうと、ネットやSNSで時間をつぶそうと、大部分の時間を費やすことになる自分の仕事の領域で、上手に発散したり、集中したり、成果を上げないとモヤモヤは解消しません。

いわんや嫌々仕事をやっていたのでは、せっかくの人生の無駄遣いでしょう。

お寺には営業の電話がよくかかってきますが、電話の向こう側で、多くの人が電話営業をしているのが聞こえるケースがあります。

ほとんどがかなり強引な売り込みで、「今、お時間をいただいて大丈夫でしょうか」などと、こちらの都合は聞いてくれません。現在使用しているものから自分が勧めるものに乗り替えてくれれば得をしますという内容がほとんどです。矢継ぎ早に説明をし、こちらに考える時間を与えない手法は、オレオレ詐偽に酷似しています。

すでに何十回もそんな電話を受けているので、その経験から相手の話が一段落するまでほぼ無言で聞きます。相手も仕事でやっているのが痛いほどわかるのです。

「今ご説明した内容でご理解いただけたでしょうか」――この言葉を待っていた私は伝えます。

「理解はしましたが、同意はしません」

「いや、ご理解いただけたら、ぜひ我が社にですね……」

「あのね、理解と同意って違うんですよ。英語で言えばunderstandとagreeの違いです」

「……」

「ちょっと聞いてください。私は、こちらの都合も聞かないで話し始めたあなたの話を最初から聞いていました。電話をかけることだけでも、相手の都合を考えていないという意味で一つの暴力なのに、電話がつながっても相手の都合を考えていないでしょう。

電話の向こうにあなたと同じように、強引な営業電話をしている同僚がたくさんいるのもわかります。きっと、今日の終わりにそれぞれの営業成績が発表されるんでしょうね。そのご苦労、お察しします。

差し出がましいことを言って申し訳ないのですが、強引な営業手法のマニュアルを準備しているような今の会社、辞めたほうがいいですよ。そんなことをしていると魂が腐ってきます。人生の無駄遣いです」

「やはり、そう思いますか……」

——こう答えた営業マンが、これまで三人いました。

やりたい職業につける人は多くありませんが、一日の大半の時間をつぎ込む仕事を嫌々やっていれば、発散できないほどのモヤモヤがたまります。

それなら、別の方法を探したほうがいいでしょう。

できそうなことよりも、一生懸命になれそうなことを探すのが一つの方法です。

さて、仕事の成果は、仏教で言えばご利益《りやく》のようなものでしょう。

成果が表れるまでの時間がまちまちなのです。すぐに結果が出るものもあれば、やり終えてから数日、数週間、数年、数十年かかる場合もあります。へたをすると世代を超えて表れる場合もあります（基礎研究などはその典型です）。

しかし、社会では即効性のある成果が求められます。成果によって報酬が支払われるので、成果を次々に上げれば報酬も増えます。

赤字や黒字がない消防署や警察のような公共機関でないかぎり、企業が基本的に利益を追求するのは当たり前のことで、働いている人は何らかの形で利益を出すことに関わっています。その関わりの中に自分がいることを意識して、当面の自分が納得する目標と成果に向かって、地道に努力するのは大切でしょう。

自分だけ楽をして、他人にやらせて成果の分け前を取る

他人が成果を上げたら「この企画は、私もやろうと思っていました」と便乗する

成果を得られなかった事例に対して「私はやめたほうがいいと言っていたんです」と自己弁護をする

競争相手の悪口を言いふらしたり、隠し事を暴いて引きずりおろす

……そんな小細工はしないほうがいいですよ。

正々堂々と、目の前の仕事に打ち込みましょう。あなたが正々堂々と仕事をしていれば、モヤモヤなどたまっているヒマはありません。

「もっと評価されてもいいのに」との付き合い方

自分はもっと評価されてもいいはずだ、とモヤモヤしている人は少なくないでしょう。評価されてもいいのにされない理由は、いくつか考えられます。まず、その理由を考えないとモヤモヤは解消されません。

一つは、周囲の人に人を見る目がないという可能性です。

その場合は、我が身の不遇を嘆いて、正当に評価してくれる人が現れるのを待つという手はあります。周囲が気づかないのなら、こちらからアピールして気づかせるという手もありますが、後に「目立ちたがり屋」の汚名を着ることになるかもしれません。

もう一つは、自分が評価されてもいいはずだと思っているだけで、実際は評価に値しない可能性です。この場合はさらに努力するに越したことはないでしょう。

このような、評価されないことへの不満を持つ人は昔からいるようで、荀子《じゅんし》は、次のような言い方をして問題の本質を突きます。


「私は正当な評価をされていないと思うんだよね」

「それは、君が怠けているからだろう」

「そんなことない。怠けてなんかいないよ」

「怠けてない？　それなら、仕える相手を尊敬していないんだろう。どうだ」

「いや、尊敬しているさ」

「それでも評価されないなら、君に誠実さが足りないからさ」

「いや、誠実なほうだと思うけど」

「誠実なのに評価されないなら、成績が上がっていないんじゃないか」

「成績だって、そこそこ上げているんだけどなあ」

「そうか。それでも評価されないってことは、君に徳がないんだよ」

「……」

なんと痛快な展開でしょう。最後に徳のなさを指摘されたら、引っ込むしかありません。

徳あるいは人徳という価値基準は、平成以降あまり聞かなくなりましたが、私は大切だと思います。

江戸三百年という長計の基礎も家康の智、二代秀忠の徳、三代家光の勇（智・徳・勇の三つ）によって築かれたといわれ、秀忠の徳が重要な位置を占めます。

『大辞林』では、徳を「修養によって得た、自らを高め、他を感化する精神的能力。精神的・道徳的にすぐれた品性・人格」と説明してあります。

中国古代の政治論文集とも言われる『管子』には、節度を知り、自己アピールをせず、間違いを隠さず、悪いことに加担しないという四つの徳が紹介されています。

また、中国よりも日本で多く読まれてきたといわれる『菜根譚《さいこんたん》』には、「徳が主《あるじ》で、仕事ができるなどといった能力は下っぱにすぎない。能力があっても徳がなければ、家の中に小間使いばかりがいて、主がいない家と同じだ」とあります。

グサッときますね。

また、江戸時代の茶坊主・河内山宗俊《こうちやまそうしゅん》は、歌舞伎でも悪党の親分として描かれますが、講談の中で次のような潔いセリフを吐いて、私たちをドキッとさせます。

文中の徳はもともと「福徳」ですが、徳と言い換えても充分通じます。私流に改変してご紹介します。

人間ってぇのは、知恵と学問と徳の三つが揃えばいいんだが、そうは問屋が卸さねぇ。知恵があっても学問がねぇと知恵を高められねぇ。かりに学問があっても知恵がねぇとためた学問を活かすことができねぇ。そんなものは生きたディクショナリーと同じ《おんな》で、生涯人に重宝がられておしめぇだ。ところが、知恵も学問もあるのに徳という一点に欠けると諸道のさまたげだ。自分はもっといい評価をされていいはずだなんて、つまらねぇことでいつまでもイジイジ、メソメソしていなきゃならねぇ。

いかがでしょう。私は右にご紹介したような文章に出合ってきたおかげで、自分の人生に照らし合わせてその内容に共感し、他人から認められるなどの評価は二の次、三の次だと覚悟して生きられるようになりました。

人事で悩むよりも「三つの判断」

釈迦には弟子がいましたが、序列は年齢、能力、出自によってではなく、弟子になった（出家した）順番によって決まっていました。今でも出家の形を取る仏教教団は僧侶になってからの年数（法臈《ほうろう》）に重きを置かれます。

現在の教団の多くは、組織をまとめ上げるという意味で大僧正などの階級（僧階）が設けられていますが、たとえ自分より下位の階級でも、法臈が自分より長い僧侶に対しては、特別な敬意を払うのを常としています（敬意を払われるのにふさわしい人格が求められるのは申しあげるまでもありません）。

人が三人集まれば派閥ができるといわれるように、複数の人が集まれば意見の相違が生まれます。しかし、組織として目的がある以上、組織運営は誰かが最終的な責任をとらなくてはいけません。そこから序列が生まれます。そのほうが組織がうまく機能するからで、軍隊などがその典型でしょう。

誰が階級として上になるかの基準は組織によって異なるでしょうが、能力、実績、人望のほかに人脈などの政治的な要素が入ることは、私のような坊主にだってわかります。

そして同時に、誰が昇進したとしても、陰で「実力もないのに」「実績なんか何もないのに」「人望がないのに」「上に気に入られているだけ」などの不平を抱える人がいることも想像できます。

しかし、人事について決定権を持っている人が、組織の体質を含めて総合的に判断するのでしょうから、決定されたことが数人の不平によって変更されることは考えられません。変更されれば、最初に決定した人の面子が保てません。大人になったらそのくらいのことを知り、覚悟していないと、心おだやかにはなれません。

それでも不満は残ります。その不満を上手く発散させ、心をおだやかにするには、やはり苦に対する仏教の対処法が有効だと思うのです。

イラッとしたり、不安になったり、頭にきたなど、どうにかしたい問題が持ち上がったら（仕事でも、家庭内でも、趣味でもどんなものでもかまいません）、まず、

①自分の努力だけで、どうにかなるか
②自分の努力だけでは、どうすることもできないか
③自分の努力だけではどうしようもないけれど、自分が努力すればどうにかなる可能性があるか

を、判断します。

自分の努力だけでどうにかなるなら、努力すればいいでしょう。欲しいものがあれば、お金をためるという自分の努力だけで願いは叶います。

自分の努力だけではどうしようもないなら、さっさと諦めたほうがいいでしょう。あなたの力では地球の自転を止められません。便利になりすぎたと嘆くお年寄りがいくら努力しても、便利になっていく世の流れを止めることはできません。できることといえば、自分が質素な生活をするくらいが関の山です。

人事に関する不平も、これに当たります。

決まってしまったことは、あなたがどんなに不平を言おうと、どんなに努力しようとく

つがえりません。

相手を変えられない以上、あなたにできることは、決定を変えようとするのをさっさと諦めることです。

それでも不満が残るなら、③のように、あなたがアクションを起こしてこの先の事態に変化の可能性を与えることです。組織を抜けるか、自分で組織を立ち上げるか、自分が決定できる立場になるそのときを辛抱強く待つのです。

私は日常の中で「こうしたい」「こうなればいいのに」と思ったとき、この三つの判断に分けて乗り越えることにしています。まがりなりにも、この方法で乗り越えられなかったことは一度もないので、私にとっては正攻法と言えるでしょうし、多くの人にも通用する方法だと思っています。

自分の理想と異なる現実に出合って、三日以上モヤモヤしているのは馬鹿げています。

とっとと対応を決めて取りかかるに越したことはありません。やったことが上手くいかなかったらまた、そこで考えればいいのです。

同じ問題にいつまでも不平を言い続け、悩んでいられるほど、人生は長くありません。

こういう依頼は断ったほうがいい

落語や講談で、誰かが出世したことを聞いた人物が、それを我が身に当てはめて「どうか、出世するような災難にあいませんように」とつぶやく場面があります。

出世をするとややこしい人間関係の中に組み入れられ、気を遣わなければならないことが多くなり、責任も大きくなり、出費も増えます。

権限なども大きくなるので、自分がやりたいことを少しだけできる立場になりますが、そんなことよりデメリットのほうが多いと考えているのです。

そして厄介なのは、組織の中では昇進の打診があれば「ノー」と言えないことでしょう。

他にも「断る」ことに後ろめたさを感じることがあります。何か頼まれるのは期待されたり、信頼されているからですから、断れば期待や信頼を裏切ることになります。

頼んでくれるのは、チャンスをくれようとしているからかもしれません。せっかくチャンスをもらったのに、それを活かせない申し訳なさもあるでしょう。相手の心情を察した、いわば思いやりから断れないのです。

他にも、断ることで、相手の都合も考えずに自分のわがままだけを通そうとすることに小さな罪悪感を抱くこともあります。

しかし、「ノー」と言わなくてはいけないときがあります。

頼まれたことをやる時間がない、実力がない、経済的な余裕がないのなら、断ったほうが無難でしょう。相手に迷惑をかけなくてすみます。

長屋の八っつぁんなら、

「やってやりたいのは山々だが、そんなことをしているヒマもなければ金もない、おまけにそんなことをする芸も持ち合わせちゃいねぇんだ」

と、断るでしょう。

そして、頼まれたり誘われたりしても断ったほうがいいのは道徳に反することや、法律に違反することです。道徳に反することに加担すれば、多くの人から蔑《さげす》みの目で見られます。法律に違反することに手を貸せば、末は刑務所行きです。

「ノー」と言ってから、どう思われただろうとビクビクしたり、悪く思われないようにとりつくろったり、媚《こ》びへつらう人がいますが、そんなことになる前に、やっておくことがあります。

まず、相手への感謝を伝えて相手を立てた上で、断る理由、大義名分を伝えることです。

私が使ったことがある理由は、

「今は他にやらなければならないことがあって、かえってご迷惑をおかけすることになりますので、せっかくのお話ですがお断りします」

「今のところ、私のやりたいことをやらせておいたほうが、世の中のためになります」

「そんなことをするほど、まだ落ちぶれてはいません」

「そんなことをするために、この歳まで生きてきたわけじゃありません」

などです。

他にも、自分が頼まれたことでも、それを進んでやりたい人がいて、その人が自分と同等以上の力を持っていると思ったら、私は、

「それをやってもらう人が、ちゃんと別にいるじゃないですか」

と、断ります。

こちらとしては断る理由を伝えたのに相手が納得しないときもありますが、それはそれで仕方がありません。相手もこちらも頑固者同士なので痛み分け。放っておくしかないでしょう。

相手によっては、断ると「せっかく使ってやろうと思ったのに」とツマラヌことを言う人がいますが、そういう人の依頼は断ったほうが正解です。

断らなければ「私が使ってやった」と周囲に自慢し、恩を着せられます。

どちらにしても、他人を利用して己の立場をよくしたいだけなのです。

こういう人からはなるべく遠ざかっていたほうがいい、反面教師として考えたほうがいい……それが私の人生訓であり、かかる人からの依頼を断るときの覚悟です。

「断ったらどう思われるだろうか」くらいの予想はしておきましょう。予想した上で、次の対策を考えておけばいいのです。

悪く思われて次のチャンスをくれないかもしれないと思うなら、どうしてもあなたに頼みたいと後になっても思わせるように、実力をつけておく努力をすればいいのです。

偉そうな理屈を並べていますが、僧侶の世界でも、家庭内でも私が頼まれることは「法話の仕方を教えてください」「法話の材料の集め方を教えてください」「お風呂洗って」「旅行へ行きましょうよ」など、この先もまだたくさんあるでしょう。

いつの日か、自分に何のわだかまりもなく「やりたくないから、やりません」と言い、それを周囲が納得するような人になれたらいいと思います。

心の疲労度は笑顔でわかる

仕事や社会貢献などを人生当面の目標、あるいは生きがいにしてがんばる人がいます。周囲の人は、生き方のバランスが欠けているのがわかるので「そんなに我武者羅《がむしゃら》にやらなくてもいいのではないですか」と心配します。しかし、本人は長年探し続けたものをついに手に入れた充実感で高揚しているので、忠告は耳を素通りしてしまいます。

こうした人を三人ほど知っていますが、「あなたのやり方はバランスが変だって言っているのは私だけじゃないよ」と誰かが忠告すると、口を揃えたように「他の人にどう思われたって、べつにいいですよ」と、むっとした表情で返します。

本当にどう思われていてもいいと思っている人は、反論せずに「そうですか。ご忠告ありがとうございます」と、すまして答えるでしょう。

「べつにいいですよ」と、むきになって言い返すのは、自分のやっていることを他の人に

も賛同してもらいたい、どう思われているか気になるという心の表れでもあります。

貸す耳を持っていない時期ならば仕方がありません。心が一杯なのですから、自分で納得がいくまで走り続け、倒れるまでやるしかないでしょう。それが私を含めた周囲の結論でした。

そして、私の知っている三人はそれぞれ、周囲が心配し始めてから二年以内に心も体も疲弊し倒れました。後始末する力はもはや残っていませんから、関係者がそれを代行することになります。

右は強烈な気負いと行動の極端な例ですが、多少なりとも体の疲れ、心の疲れはケアしなければたまっていくものです。そして、体と心は相互作用します。

私の父は肝硬変になってから気力、体力ともローラーコースターのようにアップダウンする日々が続きました。

気落ちしていたある日、「お父さん、〝病は気から〟って言うじゃないか。元気出しなよ」と励ましました。すると父は「確かに〝病は気から〟って言うけどな、お前は元気だからわからないだろうが、〝気は病から〟ってこともあるんだよ」と言いました。

心が体に及ぼす影響もあるでしょうが、体が心に及ぼす影響は小さくないのです。病人に対して精神論、根性論を持ち出した自分の配慮のなさを痛感したものです。

さて、たまっていく体の疲れや心の疲れが相互に作用することを前提にして、日常でどちらが疲れているのかを意識してみるのは大切でしょう。

体の疲労は、痛みやだるさなど症状が顕著なのでわかりやすいですが、目を閉じて全身スキャンするつもりで頭のテッペンから爪先まで各部位に「ちゃんと機能している?」と尋ねてみると、健全な部位は「オーケーだよ」とすぐに答えますが、不調な部位はモゴモゴと口ごもります。

簡単にできるのはヨガです。筋肉、内臓、五感を司る目、耳、鼻、舌、皮膚など、不調な所のケアを心がければいいのです。

心の疲労をはかるために私が使っているのは笑顔です。

笑顔が出ているようなら大丈夫。心がリラックスしていると判断します。

いつ笑顔になったか、ごく最近で記憶にないなら心が疲れているのでしょう。

そんなときは、実際に視野が広がる空や海が見える場所に、積極的に出かけます。

遮るもののない場所には、比較的容易に心がシンクロしてくれます。家の中の仏壇の前で手を合わせるのと、空の下の屋外のお墓の前で手を合わせるのとでは、心の晴れやかさが異なるのと同じです。

空を見なくても、視線を下に移して歩道などの植え込みの土をかき分けても、同様の効果が得られます。土の栄養になりかけている落ち葉やしおれた草の切れはしがあります。小さな虫だって動いています。作為的な人の力が加わっていない自然のたくましさに、自分の心がシンクロするように感じられます。

心が疲れたときの、こうした空と土とのコミュニケーションの共通点は、**考えないということです。**考えることを放棄して、ただ感じるのです。

仕事の中でも、もの作りをする職人以外にはなかなか味わえない感覚ですが、考えるのではなく、感じることを日常の中に少し取り入れることを意識されるといいと思います。

いずれにしろ、疲れたと感じるのは「休んで！」というシグナルです。そのシグナルには素直に従ったほうがいいと思いませんか。

疲れない「忖度」のコツ

人の気持ちを推し量るという意味の「忖度」。「忖」も「度」も「はかる」という意味です。平成の終わりのころから「偉い人のご機嫌を取る」「自分の利益になるように相手にへつらう、おもねる」という利害関係の中で使われるようになってきました。相手のことを思いやるという「忖度」が持っている素直な意味が、サザエのシッポのようにねじ曲がって、言葉を大事にしている僧侶として悲しい気持ちになります。

上下関係がある組織の中では、下の者には上の者の意向を敏感に察する能力が必要でしょう。一を聞いて十を知り、先回りして次の手を打つくらいのことは社会人、否、会社人として身につけておかなければならない技術なのかもしれません。

僧侶の世界では、ありがたいことに、そこまでの能力は期待されません。教えられていないことはできません。そのため小僧は修行します。一つの法要を行うには膨大な準備が必要ですが、何をどのように準備するのかを、先輩から一つひとつ丁寧に教えてもらいます。「そんなことは自分で考えなさい」という指導は受けません。

〝教えないのは親の罪、覚えないのは子の罪〟という言葉がありますが、教えてもらわなければできるようにはなりません。

もちろん、僧侶の世界でも、教えられてからは自分でそれを覚えておくことが大切です。その意味で、一度教えられたことを応用して、一を聞いて十を知り、先を読んで行動することが求められることはあります。老僧が段を上るときそっと介添えをし、新しい草履を履いてきた僧侶が帰るときは、履きやすいように鼻緒を広げておくくらいの気遣いはできるようになります。こうしたことも忖度の一部です。

さて、仕事で忖度をしすぎて疲れてしまい、居酒屋トークで愚痴をたれ流すことがあるかもしれません。愚痴を聞いてくれる人がいればストレスは発散できますが、その前に忖度について、知っておいたほうがいいことが三つあります。

一つは、忖度はこちらが勝手にするものなので、忖度した結果、相手がそれを喜ぶかどうかはわからないと覚悟しておくことです。

〝小さな親切、大きなお世話〟ということはあるのです。こちらは善かれと思ってやるのですからそれでいいのです。しかし、それが相手にとって迷惑になることがあることを知っておくのです。

迷惑かどうかは、こちらが決める問題ではなく、相手が決める問題です。そのために「ご迷惑かもしれませんが」と前置きの言葉を用意したり、「差し出がましいことをして、申し訳ありませんでした」と謝る準備もしておきたいものです。

二つめは、忖度のしすぎに注意が必要ということ。

私の父は晩年「慈悲とはお節介のこと。その行き過ぎをコントロールする力のことを智恵と言う」という言葉を残しました。忖度も相手を思いやるという慈悲ですから、お節介なのです。忖度が相手にとって迷惑になるかもしれないのと同様に、基本的にお節介をやいているという自覚は持っておいたほうがいいでしょう。

そのお節介が相手を甘やかすことになり、窮地に追い込むこともあります。これが忖度しすぎということで、そうならないようにするためには、やはり智恵を使うしかないでしょう。本当に相手のためになるかならないかを見極める力ですが、これは経験を積み重ねて自分のものにしていくしかないように思われます。経験を積み上げたのにそれを使えないのは、己《おのれ》の至らなさゆえです。

三つめは、自分の利益を度外視して、ただ相手のためだけを思ってやるということです。忖度したのに思うような結果が出ないと嘆いたり、愚痴を言ったりすれば、それはギブ・アンド・テイクです。

〝恩は着るもの、着せぬもの〟、自分に見返りがあると期待している点で、相手のことだけを思っているとは言えません。「せっかくあの人のためを思ってやったのに」と**「のに」がつくようなら、あなたの忖度の考え方が根底から間違っていると考えたほうがいいでしょう。**

自分の利益を考えて忖度する人は損得で動いている人です。イソップ寓話の「卑怯《ひきょう》なコウモリ」ではありませんが、**損得で動く人は信用されなくなります。**気をつけたいものです。

ということで、忖度しながら上手に発散する方法は、自分がやっている忖度はお節介であると知っておくこと、その忖度が相手の迷惑になるかもしれないと覚悟しておくこと。そして、忖度した見返りを求めないことです。

この三つを心得ておけば、妙なストレスをためないですみます。

自分にあげる「ごほうび」を考える

「苦労する身は何厭《いと》わねど　苦労し甲斐のあるように」

……これは、ときに我が身に、ときに他の人に重ね合わせて思い出す古歌です。苦労するのは仕方がないけれど、その苦労が報われますようにと祈る言葉です。

仕事でも家庭でも、各人がそれぞれの役目を果たすのは、当たり前のことでしょう。「よくやった」「ありがとう」「ごくろうさま」と言われても、「当たり前のことをしただけです。お礼を言われたり、ねぎらいの言葉をかけてもらうようなことではありません」と、潔いことこの上ない人もいるでしょう。

父は晩年、私に「お前たちに、私がやることをやったと認めてもらえないと、死んでも死にきれない」と訴えたことがありました。父として、夫として、僧侶として、住職としてやることをやってきたと我が子に認めてほしいと言うのです。残念ながら母はその八年ほど前に亡くなっていたので、父のことを身近で見ていた私たちからお墨付きが欲しかったのでしょう。

「大正十二年生まれのお父さんの価値観で育てられた僕は、気恥ずかしくてそんなことは面と向かって言えないけど、お父さんはやることを立派にやってきたと思うよ」と勇気を出して伝えました。嬉《うれ》しそうな顔はしませんでしたが、満足気に「そうか」とだけ言いました。

親、夫、僧侶、住職として当たり前のことをしてきたと自負していた父も、他人からごほうび代わりの評価をしてもらいたかったのだと思います。


ごほうびは、何事かを成し遂げた後にもらえるものです。賞状や金一封、昇進などさまざまなごほうびがありますが、それらは他人が評価してくれた結果、いただけるものです。

しかし、私たちには日々人知れずした苦労や、その結果として達成したことがあります。それに対して、自分にごほうびをあげる人は少なくありません。

これが、日常の中の上手なモヤモヤの発散の仕方だと思います。

普段食べない特上寿司を食べたり、普段飲んでいるスパークリングワインではなくシャンパーニュ地方で作られたスパークリングワイン（シャンパン）を飲んだりして、ちょっと贅沢《ぜいたく》をして自分のごほうびにする人もいます。

奮発して普段より高いものを手に入れるだけでなく、普段行けなかった動物園（水族館）へ行ってごほうび代わりにする人もいるでしょう。いずれにしろ、**特別な非日常を味わうことが、ごほうびの本質なのかもしれません。**

自分はやるべきことをやっているのでごほうびなどいらないと思っている人でも、何かを達成したら自分にごほうびをあげるのは、楽しいものです。

お年寄りは、目がさめた、一日生きただけでもごほうびの対象になるでしょう。リハビリをしている人にとっては、杖《つえ》をついて歩けるようになった、一人でトイレに行けるようになっただけでも、大きな目標を達成したことになるのでごほうびをあげていいでしょう。

酒飲みが酒を飲む理由をいくらでも並べられるように、やらない人がやらない理由を秋の落ち葉のように集められるように、ほうびの対象はいくらでも自分で決められます。

私の場合なら、

- 朝会った人みんなに笑顔で「おはよう」と言えた
- 家内の代わりに昼食を作った

・人と別れるときに「それじゃ、またた」の後に「今日は楽しかったです」「勉強になりました」「次にお会いするのが楽しみです」などの感想を加えることができた

・人が喜びそうなことを言えた

などでしょうか。

どれも他愛ないことですが、私にとっては充分ほうびの対象になります。

あなたにとって、自分にほうびをあげてもいいことは、どんなことでしょう。そして、どんなほうびを用意するでしょう。

そんなことを考えるのは面倒だと思う人は、周囲の人に質問をしてみるといいです。「えっ？　そんなことで、そんなごほうび？」と愉快で驚くような答えが返ってくるでしょうから、それを参考にすればいいのです。

自分へのごほうびについてお伝えしましたが、周囲の人が小さなことでも何か達成したら、言葉の一つ、飲み物一本、スナック菓子一つでも商品としてあげられたらいいですね。

小さなごほうび合戦を始めてみませんか。

4章

人にイライラ、モヤモヤしない考え方

その人とは、どこまで付き合うかを決めておく

『西遊記』に登場する孫悟空。

孫という姓はともかくとして悟空（空《くう》を悟る）というネーミングはすごいです。すべてのものは次々に集まってくる縁（条件）によって結果が変わってしまうので、自分という我を含めて不変の実体はないというのが空の考え方です。

そこから「あなたが何かにこだわってもその実体は空なので、変化してしまう。だから、こだわらないほうがいい、こだわりを捨てたほうが心おだやかでいられる」という教えに展開していきます。

あらためて悟空はすごい名前です。

人や猿の親分の名前ではありませんが、私にとって何気なく使っている言葉の中で、燦《さん》然《ぜん》と輝く言葉は**「覚悟」**。「悟りを覚《さと》る」と書くのですから、馬から落馬、電球の球、後で

後悔するなどの二重表現にも思えますが、**「危険な状態や好ましくない結果を予想して、それに対応できるように心構えをする」**という意味です（仏教語としては「悟りを開くこと」）。

いつどんなことがあっても心おだやかでいたい人のための教えが仏教なので、心おだやかでいるために好ましくない結果を予想して準備しておくという意味で、覚悟はとても大切です。「これはこういうものだ」と覚悟しておけば、心が乱れることは少なくなります。

その一つが「人付き合いは、面倒な側面を持っている」という覚悟でしょう。**この覚悟をしておけば、かりに人間関係で予想外の事態になっても、「そういえば、人付き合いというのは面倒な側面があるからな」と、すでにしていた覚悟できれいに割り切れて、気持ちにも区切りがつきます。**

小学校の入学前に「友達百人できるかな」と、たくさん友達がいることが良いことだと思い、中学時代に「友人は財産なので、たくさんため込むことをお許しいただきたい」という、どこかで聞いた言葉にときめいていた私は、友人知人を増やした結果、四十代で年賀状を六百通出すようになってヘトヘトになりました。

私だけでなく、やたらと仲間とつるみたがる人、SNSで「友達」をせっせと集める人は今でも少なくありません。孤独は寂しいことで、仲間がたくさんいることが人望の証と勘違いしているのかもしれません。

孤立はしないほうがいいですが、孤独な時間を持つことは自分を顧みるという意味で、とてもステキなことです。仲間が多いことは（特にSNSの世界では）、その人の人望とほとんど因果関係はありません。

仲間を作ること、仲間でいることに夢中になっていると、嫌われまいとして同調圧力に屈して心が折れ、体も疲れます。

そんなひどい目に合うために生まれてきたわけではないでしょう。

人は一人では生きられませんが、あまり大勢と一緒でも健全な生き方はできません。食事をするならこの人まで、メールをやりとりするのはこの人まで、遊びに行くならこの人まで、と決めても一向に差し支えありません。

たとえあなたが仲間の中に線を引いて付き合っても、あなたのことを一日に十分《じっぷん》も考えている人はいません。

私は知人を、「家族に一人くらいいいてほしい人」、「親戚の中にいてほしい人」、「友人の中に一人いてほしい人」などにカテゴリー分けします。

逆に、「家族の中にいたらウザイ人」、「親戚の中にはいてほしくない強引な人」、「他人に依存する性格が強すぎるから友人の中にはいてほしくない人」、「自己優先が目に余るので仲間の中にもいてほしくない人」などの区切りをしてもいいでしょう。

相手に冷たいと思われても、それでいいと覚悟するのです。それが自立しているということでしょう。

二年着ない服は廃棄するかリサイクルに回す、買った本でも十ページまで読み進めて読みにくさを感じたら読まない（無理にその本を読まなくても、膨大な量の本があなたを待っているのです）――そんな覚悟を、なるべくたくさんしておくことをお勧めします。

そうすることで、生活に区切りができ、区切られた区域以外のことに煩《わずら》わされなくなります。

悪く言いたい人には言わせておく

〝人の悪口、蜜《みつ》の味〟と言われます。

悪口はそれほど美味しいということですが、虫が蜜に集まるように、他人の悪口の花が咲くと、その匂いに群がる人がいます。

「そうだと思った」と吸い寄せられる人もいれば、「それだけじゃないよ。あのね……」と蜜を嘗《な》めつくそうとする人さえ現れます。

人の悪口はいけないと、子どものころから散々言われ続けているのに、なぜ他人の悪口が楽しいのか考えるのは、大切です。悪口を言っている人が多いのに、悪口はいけないと言われるのには、理由があるのです。

〝あなたが誰かの悪口を言うということは、あなたも悪口を言われる。自分がされて嫌なことは人にもしてはいけないのです〟などは、子どもだましレベルの理由でしょう。あなたが他人の悪口を言おうが言うまいが、あなたは必ず誰かに悪口を言われています。どんなにステキな人だって「弱点がなくて非の打ちどころがないから、付き合ってて疲れるんだよね」と言う人はいます。

悪口を言わない人でも「あの人って、人の悪口を言わないんだよね。自分だけズルいよね」と言われることはあるのです。

したがって、人は悪口を言うものだという前提でこの悪しき習性を考えないと、自分に対する批難や悪口に対して悶々とし、夜も寝られない状態になります。私はそんな夜を何度過ごしたかわかりません。

六十歳を超えた今では「名取は自分の悪口になど耳も貸さず堂々としていて、あいつの歩いた跡には、ぺんぺん草一本生えないような生き方をしている」と言われますが、五十代までは、自分への悪口には敏感で神経質でした。自分が神経質だったと書くくらいですから、現在の私が無神経な証拠です。

他人に「私は神経質なんです」と言う人は、言外で「だから、私に気を遣ってください」と言っているようなものですから、無神経なのです。

悪口のせいで悔しさ一杯、眠れぬ夜を過ごしていた私は、悪口を言っている人だけでなく、悪口を言っていた自分についても分析しました。

わかったことが二つあります。

対処法を考えるには、その二つがわかれば充分でした。


まず、悪口を言うと相手を引きずりおろしたぶん、自分が偉くなったような気になるのです。


しかしそれは錯覚です。

むしろ悪口を言ったぶん、自分の価値が下がるのです。

また、悪口の多くは、まだ他の人が知らない事実に基づいています。そのために、自分の観察眼や分析力が優秀で、自分の賢さをアピールできたような気になります。

これも一方的な思い込みです。

他人の欠点に、すでに気づいている人はたくさんいます。

それを自分だけが知っているように自慢気に吹聴《ふいちょう》する姿に、周囲は呆れます。

それに気づかないのは、オメデタイ本人だけなのです。

この二つの理由がわかってから、私は自分が悪口を言われたとき、誰かが悪口を言われてへこんでいるときには、次のように対処することにしました。

「あの人は、悪口が服を着て歩いているようなものさ。悪口を言うと自分が偉くなったと思っているんだ。気の毒な人だよ」

――これも悪口の一種ですが、最後の「気の毒な人だよ」と相手を哀れむことで、悪口に対する憤懣《ふんまん》は消えてなくなります（相手は、哀れまれていると知ったら怒るでしょうが、それは相手が解決する問題です）。

このように考えるようになれたら、次のステップです。

悪口は、ある意味で批判です。冷静になって考えれば、批判の内容には多少なりとも思い当たることがあるものです。

私たちは批判の内容と批判した人を一緒にして、人を恨むようになります。悪口を言った人、批判した人とその内容を一体化させているので、相手を恨むとその内容にも憤慨し続けます。

しかし、批判した人と、内容は別にしたほうがいいのです。同じ内容を信頼できる人に言われれば、素直に耳を傾けて貴重なアドバイスとして受け取れます。


批判した人とその内容を分離していいことに気づいてから、実際にそれが長くても二日でできるようになるのに、私の場合、三年を要しました。

三年かかりましたが、おかげでこの先、生涯にわたって悪口に苦しめられることがなくなったのですから〝以《もっ》て瞑《めい》すべし〟です。

イライラを他人にぶつけてしまったら

私自身はほとんどイライラすることがないのですが、私が誰かをイライラさせていることはたくさんあるでしょう。

話をするにも寄り道、道草、遠回りしてようやく結論にたどり着くような話し方をするようになったのに気づいたのは、五十代半ばを過ぎたころでした。途中で「要は何が言いたいの?」と言われなくても、そう思っていることは相手の目を見ればわかります。口で言わないことを、目は大声で叫ぶのです。

六十歳を過ぎた今では、話し始めてもついに結論にたどり着けなかったり、結論が何だったかわからなくなったりすることも出てきました。聞き手には迷惑千万な話だと思いますが、これはこれで愉快な変化だと思います。

結論にたどり着けない、あるいは結論を忘れてしまうような話は、もともと大した話ではなかったということです。

さて、そんなあなたをイライラさせる人がいて、あるいは別の理由でイライラしていて、誰かにそのイライラをぶつけてしまったとき、どうすればいいでしょう。

こういうときは、誰かステキな人をイメージして、その人の真似《まね》をするのがお勧めです。「あの人ならこんなとき、どう考えて、どうするだろう、どう言うだろう」と考えてみるのです。

仏教では、私たちの活動は体でやること、口で言うこと、心で思うことの三つ（身口意《しんくい》）で構成されていると考えます。

活動すべてをステキな人のそれとシンクロさせれば、あなたもステキな人になれます。他人にイライラをぶつけてしまった後始末についても、同様です。

アメリカのテレビドラマなどでは、イライラをぶつけてから遅くとも二十四時間以内に相手に謝っているようです。そんなことが可能なのかどうかはわかりませんが、自分が悪い、言いすぎたと思うなら、勇気を出して正直になり「ごめんなさい」「悪かった」と謝罪したいものです。

素直に言えなければ「お詫《わ》びします」「謝ります」でもいいのです。

私は家内から「あなたは謝ることを知らない」と言われ続けてきたほど意地っ張りなので、二十四時間以内に謝罪した記憶はほとんどなく、よくて一カ月以内、下手をすると十数年経ってからということもあります。


ここで、釈迦ならどうするかイメージしてみましょう。

まずつまらないことでイライラし、それを他人にぶつけたことを悪く思うだけでなく、我が身の至らなさを反省するでしょう。

そこで、悪いと思ったので、まず相手に潔く謝罪するでしょう。

そして、気まずさを解消するために、相手のご機嫌を取ろうとするでしょう。

相手は見え透いた機嫌取りを「フン！　今更何を」と思うかもしれませんが、こちらの誠実な態度に心を許してくれるかもしれません。許さないかもしれませんが、こちらができるのは、それが精一杯です。

そして、我が身の至らなさをなくしていくために、心を磨く練習をしていくでしょう。

これが、私が思い描くステキな人の対処法ですが、真似をするのはそんな仏さまのような人でなくても、あなたの好きな人やキャラクターでいいのです。

もし身勝手な人の思考や態度を真似すれば、「私は悪くない」と思い、イライラを持続させ、気がすむまで他人にぶつけ続けるでしょう。

もちろん、誰もそんな人のそばにいたくありませんから、誰からも嫌われ、疎まれて相手にされなくなるのは目に見えています。見事に真似をした「身勝手な人」になれるのです。

他にも、落語に登場する憎めない長屋の面々の真似をすれば、ただ謝罪するのは恥ずかしいので、

「最近腹の虫が好き勝手に動きまわるんで、自分でも手を焼いているんだ。さっきは悪かったね」と言うかもしれません。

「低気圧が近づいているせいで、体が膨らんで脳まで圧迫されているらしくてね、悪かったね」と気象病のせいにするかもしれません。

「年齢のせいだろうね。ホルモンバランスが崩れてああいうことを口走ってしまうんだ。悪かったね」と弁解するかもしれません。

愉快な責任転嫁ですが、イライラをぶつけてしまった言い訳をすれば、相手から「言い訳をするその口で、どうして先に謝らないのだ」と小言を言われるのは覚悟しておきましょう。

こうした対処法は、あなたの性格や相手の性格によって異なり、いつも同じ手が通じるとは限りません。

他の人のやり方も参考にして寄り道、道草、遠回り。試行錯誤しながら、少しずつステキな人になっていくしかないように思うのです。

人によって「許せないこと」は大違い

「怒る」は、目がつり上がり、眉間にシワが寄り、物に当たることもあれば、暴力を振るうなど目で見てわかる動きを伴うことが多いのに対して、「憤《いきどお》る」は怒りを抑えて内にため込むニュアンスを持っている言葉だそうです。

本書の趣旨で言えば、当面問題になるのは腹立ちをため込む「憤り」のほうです。憤りがたまりすぎて我慢できず、外に向かって発散すれば「怒り」になるのかもしれません。

私の場合、割合からすれば憤ることが圧倒的に多いのですが、あなたは憤ることと怒ることのどちらが多いでしょう。

憤りを抱える人は陰湿で、怒る人は激情型、直情型とするのは少々乱暴な分け方ですが、自分にどちらの傾向があるのか知っていれば、怒りとの付き合い方が大きく変わるでしょう。

感情が外に出て爆発する「怒り」には、その前に時間の長短はあるにしても、爆発するエネルギーをためる「憤り」の時間がある気がします。

瞬間湯沸かし器と言われるように一秒以内で爆発する人もいれば、数秒かかる人もいます。怒りの感情は六秒以上続かないという研究から、六秒我慢すればいいなどのアンガーコントロールが話題になりますが、「怒り」へと脱皮しかかっている「憤り」を抑え込むために六秒も歯を食いしばって我慢していれば、歯がすり減ってボロボロになりそうです。ですから、「怒り」に変身しない「憤り」の状態のうちに何とかしたほうがいいでしょう。

その方法を、心おだやかになりたい人に説かれ続けている仏教の智恵を土台にお伝えします。

〝はらわたが煮えくり返る〟と言われるように、私たちは感情が激することを沸騰に譬えます（ブクブクと沸騰したものがついに頭にまで達することを〝頭にきた〟と言うのかもしれません）。

この沸点は、人により、事により異なります。SNSなどで既読スルーが許せない人もいれば、私のように「相手が読むか読まないかは、大したことではない」とする人もいます。靴を揃えて脱がない人を許せないのに、自分の部屋が散らかっていても平気な人はいます。

こうしたことを踏まえて、自分は何に対して沸点が低いのか（すぐに頭にくることは何か）を知っておくのは大切です。

そして、なぜ低いのかを分析してみるのです（家族や友人、同僚に「私はどんなことですぐに怒っている？」と聞けば、驚くほどたくさんの答えが返ってきますから、やってみてください）。

私の場合、ポイ捨てや自転車のベルを鳴らして歩行者をどかせる人などに対して沸点が低かったことがありました。

分析の結果（というほど、大それたものではありませんが）、他人の迷惑になる、公共道徳に反することに異常に沸点が低いことがわかりました。「一体、何を考えているんだ！」と憤っていたのです。

そして、たどり着いたのは「なーんだ、つまりあの人は何も考えていないのだ。だからあんなことができるのだ。ならば、仕方がない」と諦めることでした。

実際は、呆れてその場は放っておくという選択です。「憤る派」から「呆れ派」「諦め派」になったと言ってもいいでしょう。

具体例を右の一例しかお伝えできずに申し訳ありませんが、憤りや怒りの元になっている「許せない」という思いは「こうあるべき」という自分がつくり上げたルールの裏返しです。

仏教では「こうあるべき」は、すべて「こだわり」です。

「こうあるべき」と思っていると、そうしない人を許せません。許せなければ、憤る⇒怒るという流れになるのは当たり前です。

こうあるべき、こうすべきというこだわりの多い人を「ベキベキ星人」と呼ぶそうですが、ベキベキ星人に待っているのは、こうあるべきと思っている自分がそうできなかったとき、できなくなったときに自分を許せないという最悪のシナリオです。

ご自分の怒りの沸点が低い事象を洗い出して、すぐに怒りたくなることから順に対処して、怒りに変化する前の憤りのレベルで解消していく練習をしてみませんか。

「言いたいことを言っても嫌われない人」とは

「言いたいことを言っても嫌われない人」というのは、ときに聞く表現ですが、そんな人が世の中にたくさんいるとは思えません。

言いたいことを言ったら嫌われてしまったことがある人がゴマンといるから、そんな理想めいたことが話題になるのでしょう。

言いたいことを言っているのに嫌われない代表格は、赤ちゃんです。バブバブ、マンマ、ブーブー、ワンワンと言っている赤ちゃんを嫌う人はいないでしょう。何といっても、邪気がありません。ここもポイントです。

邪気がないことが大切なのです。邪気を含んだ言葉を言えば相手は不愉快になり、嫌われることになります。

もう一つ考えられるのは、口数の少ない人です。あまり話さなければ、人を傷つけることも非難されることも少なくなるのは事実です。

しかし、言いたいことがあるのに処世術として言わないでいれば、ズルイと言われることもあります。言いたいことがなく口数が少なければ、主義主張のない優柔不断な人物と評価されることもあります。

いずれにしろ、少々困った事態ですが、言いたいことを言って嫌われる頻度に比べれば、微々たるものです。

言いたいことを言ってしまったせいで嫌われた経験のある人の多くは「言葉は人を傷つけるだけでなく、一度口から出た言葉は消せないから厄介だ」とおっしゃいます。

これについて、懇意にしてもらった大ベテランの村上正行アナに聞いたことがあります。おしゃべりを専門にしているだけあって、その答えはびっくりするほど明確で、納得できるものでした。簡単にお伝えします。

大和言葉で「は」は、ある物の端もしくは先端という意味です。歯は顔の先端、葉は木の先端、刃は刀の端、山の稜線を表す言葉も「山の端《は》」です。そして、言葉の「葉」の本体は心です。

「言葉は人の心を傷つける」と言いますが、言葉が傷つけることはないそうです。**傷つけるのは、先端にある言葉ではなく、本体の心のほうなのです。**

例えば「バカ」という言葉があります（関西では「アホ」でしょうか）。「バカだなぁ」と相手の頭をちょっと指でつつく恋人同士なら、バカという言葉は親密さを増す手がかりにこそなれ、間違っても相手を傷つけることはありません。

ところが、何か失敗したときの「バカ」は、相手を傷つける力を持っています。しかし、それは失敗した人を「バカ」と思っている心が相手をすでに傷つけているのです。

米倉誠一郎さん（経営学者）の言葉とされる「転んだ人を笑うな。彼らは歩こうとしていたんだ」は私の好きな言葉の一つですが、転んだ人が傷ついたのは笑われたからではありません。「あはは、転んだ」と他人の不幸をそばで喜んでいる人の心そのものが、転んだ人を傷つけているのです。

このように、私たちが言いたいことの元は心の中にあります。心にあることを言うのであって、本当の意味で〝心にもないこと〟は言えないのです。

言いたいことを言って嫌われるとしたら、相手に嫌われるようなことをあなたが心の中ですでに思っているということです。

そうであるなら「言いたいことを言っても嫌われない」ためにやれることは一つ。心を磨くしかありません。

どんなことを言ったら相手に嫌われたか、不愉快にさせたかをチェックしてみてください。

そして、その元にある心のあり方をチェックしてみてください。そうすると、「ああ、こういう考え方自体がいけないんだ」と自分でわかります。仏教で言えば、悟りに近づく第一関門の**「無明《むみょう》の自覚」**です。自分の至らなさを自覚することです。

ここから、何の根拠もない「自分は正しいという驕《おご》りや傲慢さ」を減らしていく、相手にもっと共感する、もっと感謝の気持ちを持つなど、心のあり方を軌道修正していきます。

心の軌道修正効果がおぼろげながら見えてくるまでに、私の場合、十年かかりました。まだまだ人を傷つけて軌道修正しなければならないことがあると覚悟していますが、**軌道を修正している間は「嫌われることへの拒否感」は上手に発散されていきます。**

「みんなから好かれる」をめざすのは二十代まで

「誰からも好かれる人」は、多くの人にとって理想的な人物像です。「みんなから好かれる人がいい」というのは、有名な絵本や教科書に書いてあるわけでもないのに先祖代々申し送られてきた、社会の価値観の表れなのでしょう。

その価値観を疑うことなく、半ば洗脳されたように、みんなから好かれるために「いい人」になることを目指す人がいます。

「いい人」はみんなから好かれます。好かれれば、意地悪されることもなく、気持ちよく暮らしていけます。

「いい人」の王道は、

「人の頼みを断らない」

「自分のことは二の次にして、他人のために動くことを厭《いと》わない」

「人が嫌がることでも、自分が代わりに引き受ける」などでしょうか。

「いい人」の前の〝誰にでも〟や〝どうでも〟を省略されて言われてしまう私のような人もいますが、そのくらいになればご愛嬌《あいきょう》。のんびり〝いい人稼業〟を続けていればいいと思います。

しかし、子どものころに大人たちから言われた「誰からも好かれる人」を目指していいのは、二十代まででしょう。

誰からも好かれる人を目指すのはいいですが、そんな人になることは金輪際《こんりんざい》不可能なのです。それを知って、気持ちに余裕を持って生きていくのが三十代以降だと思うのです。

「みんな、あなたのことを悪く言っているよ」と言われて、四面楚歌《しめんそか》のような気分になり登校拒否、出社拒否、引き込もりになって、うつうつとした日々を過ごす人がいます。

しかし、こんなときに使われる「みんな」は、多くても三人のことです。

そんなことはないと思う人は、「みんな言っているよ」と言われたときに「みんなって誰?」と聞いてみれば、答えはすぐにわかります。

否、あなたが「みんな」を引き合いに出すときのことを思い出してみてください。その「みんな」は多くて三人がいいところです。

それと同様に、「みんなから好かれる」の「みんな」も、三人と考えたほうがいいでしょう。自分のことを好きでいてくれる人が一人いれば力強いことこの上ないのですから、三人から好かれれば充分です。


それでも、妙な生きやすさ、暮らしやすさを求めて、なるべく多くの人から「いい人」と言われたいと思うなら、いくつか覚悟しておくことがあります。

「いい人」は、人の頼みを断らないので、利用されることが多くなります。昔から、勝つことを知って負けることを知って、進むことを知って退くことを知らなければ世間から信用される立派な人にはなれないと言われます。

ところが、「いい人」をヒーローのように思って、そうなろうとする人は、いわば勝つことを知って負けることを知らない、進むことを知って退くことを知らない人です。

とても強い人ですが、そういう人は他人に便利に使われっぱなしになることが多いので

す。

まずは、それを覚悟しておいたほうがいいでしょう。

そして、他人の意向に合わせて動くのですから、相手を気にしすぎて心身ともにクタクタになることも覚悟しておいたほうがいいでしょう。

この覚悟なしに単なる「いい人」を目指してしまうのが、二十代までだと思うのです。

そして、クタクタになったところで、その生き方は間違っていると気づくのです。

クタクタになるのを承知で、他人のために「いい人」でい続けるのは、とても素晴らしいことです。仏教では菩薩《ぼさつ》の行い（菩薩行《ぎょう》）と言います。

特に、お地蔵さまは他の人が受ける苦しみを代わって引き受けてくれる〝代受苦《だいじゅく》〟という誓願を持っている仏さまです。ステキなことですが、クタクタになることを知って、そのときにどうするかも考えておいたほうがいいと思うのです。

私は、みんなに好かれる人になれるとしたら、自分がみんなを好きになることのほうが先決だと思っています。みんなから好かれるのは、みんなが相手なので、自分の努力だけでどうにかなるものではありません。相手の感情をコントロールするのは大変だからです。

しかし、自分がみんなを好きになるのは、自分の努力でどうにかなります。

あなたのことを一日に十分も思っている人はいません。みんな自分のことで精一杯なのです。

他人から自分がどう見られているかを気にしている人は、たった一つのことで自分が判断されていると思うかもしれませんが、あなたのことをそこまで気にしている人はいません。

あなたも他人に対してそんな見方はしないでしょう。「ああ、この人はこういう人なのだ」と思われても、別のことで「へぇ、この人にはこんな面もあったのか」という挽回《ばんかい》のチャンスは、山ほどあります。


「いい人」を目指さなくても、「悪い人ではない」で充分だと思うのです。

〝マウンティング屋〟を遠ざける一言

「マウンティング」の意味は、登る（乗る）ことの他に、動物行動学の用語として「群れの中の順位を確認するための通例、雄どうしの（疑似）交尾行動」とあります。

ここから、人間が二人以上の集団の中で自分の優位性を主張し、それなりの立場を築く、もしくは保持しようとする言動をマウンティングと言うようになりました。

自分がすぐれていることを示すマウンティングは、自分の力を他に対してアピールする、もしくは他人をおとしめることで達成されます。しかし、マウンティングという新しい言葉を使わなくても、昔から自分を偉そうに見せて安心したい人は、掃いて捨てるほどいます。

昭和の時代には、そういう人に対して過敏に反応して傷つく人はほとんどいませんでした。「自分を偉く見せたいだけだよ。ねぇ、子どもじゃあるまいし……」で終わりです。

上から目線の人にも「自分を偉いと思っているんだから仕方がないよ」という簡単な対応ですんでいました。

そのような対応ができない人は、ブツブツ不平を言います。不平を言うくらいですから心おだやかでないのでしょう。

こうした状況には二つの対応策があります。

一つは〝マウンティングされても気にしない〟、もう一つは〝マウンティングする人を何とかする〟です。


気にしないためには、相手の心情を理解してあげればいいのです。マウンティングしたくなる理由があるはずなのです。

「他人と比べても、自分の存在価値は上がることもなければ下がることもないのに、他人との優劣で確認したいのだな」

「本当は弱い自分を知っていて、何とか隠して強く見せたいのだな」

「自分の価値を認めてくれる人が周囲にいないのだな」

――このように察することができれば、こちらの心は乱れず、慈愛の眼差《まなざ》しで対応できるでしょう。

しかし、同じ慈愛の精神で、このままではこの人はますます惨《みじ》めになるだろうから何とかしてあげたいと思うなら、

「他人との優劣で自分の存在意義を確認しなくていいですよ」

「弱い自分を無理に隠さなくてもいいですよ。弱さのある人のほうがかえって安心できます」

「あなたには直接言わなくても、みんな（多くても三人です）あなたのことを褒《ほ》めてますよ」

と言ってあげればいいでしょう。


〝慈愛で対応するほどお人好しではない〟と、敏感センサーが服を着ているような人は、マウンティングして得意がっている人をなんとかやり込めたいかもしれません。

しかし、それをすれば今度は自分が相手に対して優位性を示すことになり、同じ穴のムジナになるのを薄々感づいているのかもしれません。

だから、思いきって対応ができないのです。とてもやさしい人だと思います。

そこで、あなたがやさしい人なのを前提に、具体的なマウンティングをする人の撃退方法をいくつか提示します。

自分がすぐれていることを自慢されたら、

「そんなに自分がすぐれていることばかり気づけるなんて、すごいですね。さらにすごいのは、それを人前で言うところ。私もやってみようかと思います」

というのはいかがでしょう。

「聞いていて気持ちのいい自慢話は、故郷自慢と親自慢だそうです。なぜ気持ちがいいかと言うと、『おかげさまで今の自分がある』という感謝が土台になっているからですって」

は、かなりヘビーな一撃になるでしょう。

「『鼻高々の天狗《てんぐ》のお面、裏から見たら穴だらけ』って言葉、ご存じですか」

も、面白いですね。


相手をけなして自分の優位性を保とうとする人には、

「他人の悪いところばかりそんなに気づくなんてすごい。私も真似しようかな」

でもいいでしょう。

あるいは、

「あなたが言ったようなことは、すでに周知の事実。〝雨の降る日は天気が悪い〟〝私はお酒を飲むと酔うクセがあるんです〟くらい当たり前のことです」

と、軽くイナスことも可能です。


また、大声、あるいは乱暴な言葉で威圧してマウンティングする人には、

「川のこっちと向こうで話しているわけじゃあるまいし、そんなに大きな声を出さなくたって聞こえますよ」

「〝乱暴〟って漢字も上手に書けないくせに、そんな乱暴な言葉を使うもんじゃありません」

と、煙《けむ》に巻いてもいいでしょう。

蛇足ながら、私はそこまで他人をやりこめるほど不幸ではありませんし、そんなことをするために何十回も誕生日を迎えてきたわけではありません。

ただ、その準備だけはしているということです。

悪い噂のストッパーが何人いるか

日本に住んで間もない外国人が、日本人に言われてどぎまぎする言葉の一つに、「先日は、ありがとうございました（お世話になりました）」があるそうです。

まず〝先日〟がいつのことなのかわかりません。その人と会ったのは数カ月前のことで、それ以来会っていないのです。おまけに「ありがとうございました（お世話になりました）」と感謝されるようなことをした記憶もまったくないのです。

これに対して日本語の専門家は次のような答えをしていて、周囲から素っ気ないと言われる私は度肝を抜かれたことがあります。

日本人は数カ月前であろうと数年前であろうと、その人と最後に会ったときのことをしっかり覚えていることがとても大切なのだそうです。ですから〝先日は〟だけでなく〝その節は〟もよく使われる言葉です。

そして、もっと大切なのは、そのときに自分が受けた気遣いやもてなしを、しっかり記憶していなければならないと言うのです。

たとえ仕事上の会議で同席した場合でも、円滑な会議の進行に助力してくれたことを覚えておかないといけません。助力の中には意見を言ったことも、何も発言しないことも含まれます。会議が無事に終わったということへの感謝の気持ちを忘れてはいけないということです。それが「先日は、ありがとうございました」になるというのです。

外国人にすれば、会議に出て発言した（しなかった）ことはごく当たり前のことで、感謝されるようなことではないのですが、日本人はそんなささいなことにも感謝の心を忘れてはならず、それが円滑な人間関係を作るというのです。

私は日本に生まれて、日本で育っていますが、「その節はお世話になりました」と言われると、「えーと、いつ、どんなお世話をさせていただきましたっけ?」と、先方が握手しようと差し出した手を払いのけるような失礼なことを、平気で言っていました。

私にはその記憶がないので、話の流れの中で逆に失礼がないように、いつ、どこで、どんなお世話をしたのかお聞きしていたのですが、効率よりも義理人情を重んじる日本人としては失格かもしれません。

このように、どんなに些細であっても受けた恩を忘れない義理人情の上に構築された人間関係は、簡単には切れないものになります（切るのは簡単です。受けた恩を忘れるなど、義理人情を無視すればいいだけです）。

こうした密な関係を面倒だと思う人は少なくありません。何も覚えていないのに、単なる社交辞令として「先日はお世話になりました」と言ったとしても、あくまで表面上での付き合いに留まろうとします。

私の好きな言葉に、

「家庭はこんがらがった糸で、こんがらがっているからいい。ほどくとバラバラになってしまいます」

があります。

家庭内でも親戚付き合いでも、仕事上の関係でも、関係を切れば（ほどけば）バラバラになって、孤立してしまいます。

孤立すれば、どんなに悩んでも、ストレスをためても、それを理解してくれる人はいなくなります。それでは、ますます孤立を深め、たった一人で人生の数々の難題に立ち向かっていかなくてはならず、心細いことこの上ありません。

義理人情を大切にしていると、良き理解者が増えていきます。

注意したいのは、**理解者であって、同意者ではない**ということです。

「あなたの気持ちはわかる、だから一緒にあなたのやり方でやりましょう」は同意者です。理解者は「あなたの気持ちはわかるけど、私ならあなたのようなやり方はしません」です。わかってくれている理解者がいるだけで充分です。

広い世の中、あなたのことを悪く言う人、批判する人は必ずいます（それもかなり近くに）。悪い噂《うわさ》は強靱《きょうじん》な翼を持っているので、すぐに広がります。これは防ぎようのないことです。人の口に戸は立てられません。私もそのくらいのことは覚悟しています。

しかし、そのとき、**その噂をそれ以上広げないようなストッパーになる理解者を何人持っているかが、生きる上ではとても大切なことだと思っています。**

理解者の耳にあなたの悪い噂が入ったとき、

「そうおっしゃいますが、それはかなり一方的な見方だと思いますよ。あの人にも言い分があるはずです」

「そんなことは無責任に人に言わないほうがいいと思います。本人の前じゃ言えないようなことは言わないほうがいいと思うんです」

と、拡散を止めてくれる人です。


受けた恩は忘れないようにしましょう。それが良き理解者を作るコツです。ビジネスで言えば、受けた「借り」は覚えておくということです。

やってあげたことを切り札のように「貸しを作った」なんて考えていると、関係がバラバラにほどけていきます。

〝**恩は着るもの、着せぬもの**〟をモットーにして、あなたの人生の応援団、後方支援をしてくれる理解者を増やしていきませんか。

5章

〝発散のキッカケ〟を逃さない練習

「ストレスフルでこそ一人前」という思い込み

巷《ちまた》では「現代人はストレスフルでこそ一人前」という珍妙なことが言われているのだとか……。

経済優先で、日の当たるような話題ばかりをSNSにアップする時代が続くかぎり、「バリバリ働いて輝かしい成果を残す人、つまりストレス一杯な人こそ仕事のできる人の証」のような奇怪な思い込みが都市伝説のように伝承され、身の程を顧みずにストレスフルな生活に挑み、挙げ句の果てに力尽きて倒れていく人が後を絶たないことでしょう。

仕事ができると言われる人は、私の知るかぎり、高い集中力を持っています。今流に言えば〝ハンパない集中力〟の持ち主です。その集中力で、これを1時間で仕上げればこちらに2時間使える、などの時間配分もできてしまい、時間のコントロールが呆れるほど上手です。

そのため、周囲からとても忙しそうに見えます。そこから「急ぎの仕事は忙しい人に頼め」と言われますが、それはあながち間違いではありません。忙しい人は、やりくり上手なのです。

ところが、テキパキと仕事をこなす人、忙しそうにしている人がストレスで一杯かというと、そんなことはありません。

彼らの集中力は休憩にも適用されて、すさまじい集中力で休めるようなのです。私が一時間休憩しないと疲れがとれない、頭の中を整理できないのを、彼らは十五分で完了しているようなのです。

きっと、私の数倍の人生を生きているのだろうと思うのですが、うらやましくありません。

私はそれだけの集中力がなくて良かったと思います。

集中力のない人がデキる人の真似をしていろいろと忙しくしても、忙しいだけでストレスになります。

「これをやらないといけない。あれもやらないといけない」ではダメで、「この時間があれば、これもできる。あれもできる」と思えるくらいでないと、心に余裕がなくなります。余裕がないと、結果的にすべてが中途半端のまま散らかることになります。

そして、完了できなかったことがまたストレスになります。嘘を誤魔化《ごまか》すために嘘を重ねる、やればやるほど泥沼にはまるような状態になります。

それでも、やらなければならないことがいくつも重なることがあります。

そんなときは、すべてが完了するまでの時間を概算します。そして、一つひとつを手際よく片づけるのではなく、トータルの時間の中で、それぞれを少しずつ小分けにしてやっていきます。

三つのことをこなすのに一週間かかると予想したら、一つのことに集中して二日で順に仕上げていくのではなく、一つのことを七等分して一日に三つのことを同時に進めていきます。

一日のうちで三つのことをすることになるので、私のような飽き性の人間にはもってこいのやり方だと思っています。結果的に予定していた一週間でできるのですから、それでいいでしょう。

どんなに仕事をこなせても、それでストレスがたまるようなら、余裕がないのですから、思いきって少しのんびりしたほうがいいでしょう。

〝明日できることは今日しない〟を座右の銘にするくらいの諦め方、吹っ切り方をしたほうがいいと思うのです。

心の余裕のなさを表す指標として、私が使っているのは**「お先にどうぞ」**。

コピーを取ろうと機械の前に行ったらもう一人来たとき、「お先にどうぞ」と言えるか。レジに同時に並びそうになったときに「アフター・ユー、プリーズ」と譲れるかどうかです。

言葉で言わなくてもかまいません。誰かとご飯を食べることになってお店を決めるとき、相手が食べたいものを優先できるかどうかです。「あなたがそうしたいのなら、それでいいですよ」と譲歩できるかどうかです。

ストレスフルなデキる人を目指すか、「お先にどうぞ」と言える余裕を持つか、いずれも少しくらい無理を承知でやってみることをお勧めします。

人は、多少の無理をすれば力がアップします。ちょっとした背伸びです。

だからといって無茶は禁物。

無理と無茶の境目は、無茶をしてみないとわかりません。

心が折れるなり、他人に多大な迷惑をかけたり、うつ気味になったりすれば、無茶だったということです。

もしかしたら、ストレスフルな現代人は、その境目を見極めようと実験しているのかもしれません。

発散になる雑談の共通点とは

やらなければならないことがある人にとって、雑談は〝百害あって一利なし〟、無駄口を叩いているくらいなら、さっさとやることを片づけたいのが人情です。

しかし、それは同時に雑談を楽しむ心の余裕がない証かもしれません。私はそう思って、できる限り雑談の輪に加わろうと十年ほど頑張っていますが、その輪の中にいればいるほどやるべきことが気になってソワソワし、どんなことを話してもいい雑談でさえ上の空になるようなありさま。心の、否、生き方の余裕のなさを痛感します。

空高くから落ちてくる雨粒の速さは秒速六メートルから八メートルだそうで、一粒の雨が水たまりに落ちれば、衝撃のエネルギーは波紋として分散されます。私は、雑談もその波紋のようなものだと思うことがあります。

一つのことに集中しているのは、水面に落ちた雨が波紋を作らないようなもので、衝撃は一点に集まったままです。しかし、雑談は波紋のように衝撃をやわらげる力があります。私の周囲の女性たちが、日頃のストレスを他愛ない雑談で発散している姿を見ると、それがありありとわかります。

例えば自転車の話になると、初めて自転車に乗った過去の話から、現在の電動アシスト自転車の話、子どもを二人乗せられる自転車の話へとつながります。

さらにワゴン車に自転車を載せて旅行に行った話も飛び出し、そこから「どこへ行ったの？」「そこなら、私も行ったことある。おそば屋さんが有名だよね」と、いつの間にか自転車からそば談義へと移っていきます。そんな話を聞きながら、雑談が持っている「心をつなぐ力」を強く感じます。

このように、雑談は次々に連想をつなげていけばいいだけなのでしょうが、娘が大学生のとき叱られたことがあります。

「お父さんはたくさんのことを知ってるし、興味もあるから、他の人の話をぜんぶ自分が取って話し始めちゃう。せっかくみんなで話してるのに、ぜんぜん面白くない」――批判は貴重なアドバイスだと思っているので、以来、私はなるべく他の人が話せるような呼び水程度の驚き、共感程度のあいづちですませるように心がけています。

雑談の多くは、直前の話題と何かしらの共通項でつながっていきます。

この共通項は、慈悲（やさしさ）の土壌になるというのが、仏教の分析です。

同級生、同窓生、同郷などの共通項はもとより、たまたま持っている筆記具が一緒だったり、苦手な食べ物が同じだったりするだけで、心の距離が縮まります。雑談の輪にいつづけることが苦手な私でも、同じようにソワソワしている人が輪の中にいれば、「こんな話より、やらなきゃならないことがあるよね」と言い、二人でニヤリと笑い、心の距離が縮まるでしょう。

こうした共通項への気づきが、今日、地球に生きている者同士という気づきにまで広がれば、心は仏と同じくらい広くおだやかになっていくことでしょう。

共通項に気づくことを大切にしながら、私が心がけているのは、**本質とは関係ないことに一つ触れること**です。

コンビニに行く目的は買い物です。買い物が本質ですが、レジでお金を払うときのほんの数秒間に「忙しいですか」「一日立っていて大変でしょう」「電子マネーで支払う人は何割くらいですか」くらいの言葉はかけようと思います。

お墓参りに来た人に、玄関でお線香を点けている間にも、

「我が家は昨日カレーだったんですが、カレーはいつ食べました？」

「ステキな靴ですね。鏡を見て今日のファッションに合わせたんですか？」

と、お参りとは関係ないことを聞いたりします。

こうしたことは、他人に良く思ってもらおうと思ってやっているわけではありません。雑談力も強力なビジネスツールの一つと言われますが、雑談は人生を豊かにするものであって、損得勘定のビジネスとは相いれない気がします。


ふり返ってみると、相手に対するちょっとした関心は、雨粒が作り出す波紋にも似て、コンビニで買い物をした後、お線香を点けた後に待っている「やるべきこと」に取りくむ緊張感を、良い意味でゆるめていることに気づきます。

あなたもあちらこちらで雑談をして、小さな波紋を作り、縮こまりがちな心の緊張感をゆるめてみませんか。

家族との距離が近すぎるのもストレスです

知り合いの中に「共依存」という言葉が思い浮かぶ人がいます。

共依存は、互いに依存しすぎた関係性のことで、母と乳幼児などは、いい意味でその典型です。我が子に授乳することで母親の幸福度がアップし、子どもは母親がいなくては生きていけません。互いに頼っているのです。

おかげさまで私には子どもが三人いますが、ヨチヨチ歩きをするようになるまで、私がどんなに愛想を良くしても、子どもが最後に向かう場所はいつも家内の懐でした。「四十週も母親のお腹の中で過ごしているだけでも敵《かな》わないのに、私は自分の胸からおっぱいをあげられもしないのだから、敵う相手ではない」と痛感したものです。

こうした共依存は、大人になった親子でも続く場合があり、夫婦でも友人でもペットとの間でも成り立つでしょう。私がそれを強く意識するのは、一方がいなくなったときの喪失感で、「○○ロス」と呼ばれます。

互いが相手の相談相手、理解者としてだけでなく、互いのストレスの受け皿になっていたのに、その器がなくなってしまうことがあります。亡くなった場合は、お骨になってもずっと身近に置いておきたくて、お墓に納めることができません。

亡くなった人のことを、自分がそばにいなければ寂しくて仕方ないだろうと思いやる気持ちからのこととお察ししますが、寂しいのは本人のほうだと思うのです（ペットでも状況は同じでしょう）。

多くの場合、私は、

「あなたがいなくても、仏さまが面倒を見てくれますし、話し相手にもなってくれますから、心配はいりません」

とお伝えして自立をうながします。

しかし、人知を超えた頼りになる仏や神の存在を心の中に持っていない人が、その考えを受け入れるのは容易ではありません（ペットの場合には「そろそろあなたの元から、すでにあの世へ行っている親やきょうだいのもとにかえして、あちらで遊ばせてあげたらいかがですか」

と申しあげます。実際に私は、そのように考えて我が家のペットと別れをしてきました)。

誰かが自分を頼ってくれるのは、太い木の幹に寄り掛かられているようなもので、それだけ信頼されているということなので、嬉しいものです。

しかし、信頼関係は一方の裏切りによって簡単に崩れます。信頼関係があるなら裏切らないはずと思っている人がいますが、それは単なる幻想です。

相手は裏切ったつもりはないのに、こちらにすれば裏切られたとしか思えないことは、たくさんあるのです。

この場合、依存関係が強いほど、裏切られたショックは大きくなります。

私は裏切られたときのショックを小さくするために、近すぎる関係もほどほどにしましょうと申しあげたいのではありません。**人は裏切るものだと覚悟しておいたほうがいいと**申しあげたいのです。

その上で、頼られるにふさわしい精神的な自立を心がけたほうがいいと思うのです。もともと、頼りにされるには自立していないといけません。

この場合の自立は、自分が知らないことが相手にあっても気にならないということとも言えるでしょう。「へぇ、そんなことをしているのか。知らなかった」と、互いに放っておいても気にならない部分があるという関係です。

互いに秘密があってはいけないとばかり、互いのことは何でも知っている関係を目指すのは愚かだと思います。

できればライバルくらいの関係が丁度いいと思っています。

ライバルは勝つか負けるかの競争相手ではありません。お互いが相手に頼らず努力した上で切磋琢磨《せっさたくま》して実力を伸ばしていく関係です。親子でも、夫婦でも、友人でも成り立つ、さわやかな関係と言えるでしょう。

お酒や美味しいものの力を借りる

ときに家内は昼食を食べた直後、下手をすると食べている最中に「夕飯、何にしようか」とボソリと言うことがあります。

独り言ではなく、私に向かって言っているのは明白です。腹八分目になっているところに、六時間後に何を食べたいかと聞かれても、それを考える脳味噌《のうみそ》のスペースは休眠状態になっているので、答えられるはずもありません。ですから、私はいつも「今はとても思いつかない」と答えます。

主婦は献立を考え、そのための買い物をする段取りもあるので、昼食直後であろうと最中であろうと悠長なことは言っていられません。主婦は大変だと、つくづく思いつつ、家内が買い物に出かけるまでに何が食べたいかを自分に問うことになります。

もちろん一家の総料理長に対して「何でもいい」などという投げやりな答えはしないよ

うに心がけています。

本書のテーマである、心の中にたまっているものを上手に発散する最も手軽な方法は「好きなことをする」でしょう。

しかし、好きなことばかりしていられないのも事実です。遊んでばかりはいられません。買い物ばかりをしているわけにもいきません。本ばかりを読んでいられるわけもなく、仕事ばかりしているわけにもいきません。

その中で「食べる」は、断食していないかぎり毎日欠かさずに行っていることですし、その中なら、好きなものを食べるというのは、とてもいい方法です。

好きなものを食べるといっても、経済的な理由で高価なものばかり食べるわけにはいきません。材料が高騰することもあります。健康上の理由で食べられないこともあるでしょう。しかし、時間的な制約やお料理の種類からいって、好きなことをできる最も手近な方法であることに変わりはありません。

私の場合、頼みさえすれば料理上手の家内が作ってくれるので、それだけでかなりストレスの少ない日々を過ごしているという自覚があります。ありがたいことです。

加えて、私は東京のお寺に住んでいるので、一時間あればほぼ都内全域に出向ける地の利があります。私と家内が五十歳になったころ、せっかく世界の料理が食べられる東京に住んでいるのだからと、世界の料理を順に制覇していく計画を立てました。

十年たってもまだモンゴルとイスラエルの二か国しか制覇していませんが、今後の楽しみの一つです。

ちなみに、インド、中国、韓国、イタリアの料理はすでに日常化しているので世界料理征服の野望には含まれません。またアメリカの代表的な料理というのもよくわからないのでスルーするつもりです……と、これだけ料理についてスラスラ書けるのですから、食べ物がどれほど私の楽しみ（好きなもの）なのかは明白です。

あなたも、好きな食べ物に関してなら十五分くらい一人で話していられるでしょう。

食べ物についてばかり書きましたが、お酒が飲める人にとって、お酒は共に食べる食の楽しみを何倍も大きくしてくれるでしょう。

〝人を知るには酒が近道〟

〝私が酒を好きなのではなく、酒のほうが私を好きなのです〟

〝お酒はね、大人のミルクです〟
〝人生は短いと言いますが、酒を飲むくらいの時間はあります〟
〝お酒は金持ちも貧乏人も、贔屓《ひいき》しないで酔わせてくれる〟
〝酔っぱらいというのは、あれはバカでございます〟

などと、御託を並べながら飲むお酒には、大きな発散力があります。

食べたり、飲んだりするのは日常のことなので、これに発散の力があると意識するのは稀《まれ》でしょう。

しかし、**「この食事（お酒）に、ストレスを発散させる大きな力があるのだ」と思って食べると、実際にストレス発散に大きな効果を発揮します。**

せっかくいただく食事ですから、健康にいいとか、老化防止になるとか、血糖値を下げるなどと薬扱いしたり（これもストレスの原因になると思うのです）、とりあえずお腹が一杯になればいいと餌のような食べ方（これでは品格が落ちます）をせず、気楽な気持ちで「美味しく食べてストレス発散」という気持ちでいただきたいものです。

「おはよう」の「は」をハッキリ言うと元気になる

4章でもお伝えしましたが、心と言葉は密接につながっています。まだ言葉が充分に発達していなかった時代、私たちの先祖は乾燥した葉がこすれ合ったか、水滴がレンズの役目をしたか、落雷によるものか、炎を見たとき思わずあげた言葉が「ヒ〜」だったそうです。それが日本語では「火」になり、英語では fire の冒頭の〝fi〟になったという説もあるそうです。

日本語では特に「あかさたなはまやらわ」など、**のばすとアになる言葉は明るい響きを持った言葉に多く使われます。**

明るい、赤ちゃん、明日、朝、朝日などは最初がアなので、なおさら明るく元気な響きを持っています。輝く、さわやか、太鼓、なごやか、まる、やわらか、ランラン、和気あいあいなど（無理して集めた感はありますが、それでも）、楽しい気持ちになる言葉が多いのは事実です。

のばすとイで終わる「いきしちにひみいりゐ」は、しっかり口を横に引いて発音すると、明確度が上がるだけでなく、**歯切れの良いキッチリした感じがします。**

テレビのアナウンサーの中で、さわやかでシャキッとした感じがする人は、イで終わる音のときに、見事なまでに口が横に開いているものです。


私はアナウンサーではないので詳しくはわかりませんが、のばすとウになる「うくすつぬふむゆるう」は、夕陽、ゆううつ、うらやむ、うらめしいなど、少し暗い落ち着いた雰囲気を持っている言葉に多く見られます。

石川さゆりさんの「津軽海峡・冬景色」は、津軽も冬も辛い別れも、どれもウの音が重要な役割を果たしていて、**歌い出しもウで始まる「上野」発でないとダメだ**と聞いたことがあります。青森発や赤羽発では何か新しいことが始まりそうな雰囲気になってしまうのだとか。

「おこそとのほもよろを」は、おっとり、終わり、ほっとするなど、のんびり、落ち着いたニュアンスを持った言葉に多く使われます。

「えけせてねへめえれゑ」は、アとオの中間の雰囲気を持っているというところでしょう。

こうした五十音の中でハ行の「はひふへほ」は、息を瞬発的に出さないと聞こえない言葉です。元気がないと「森と林」ではなく「森とぉやし」になってしまうのです。明るさと元気の良さがあいまった「は」は、はっきり、はきはきと声に出して、初めてその効果が表れることになります。

その代表が「おはよう」の「は」です。寝坊して寝ぼけて「おぁよう」なんて言えば、「今ごろ起きてきて、何が『おぁよう』だ」と叱られます。

私は朝の「おはよう」の「は」がしっかり言えているかどうかを、その日の元気のバロメーターにしているくらいです。

他にも、ありがとうございました、こんにちは、こんばんは、お世話になりました、など、「ア」で終わる言葉は大切です。

他人に可愛く思われたい人は、これらの言葉の語尾をのばしますが、明確度やさわやかさは微塵《みじん》もありません。

「ありがとうございましたぁ」、「こんばんはぁ」、「こんにちはぁ」、「お世話になりましたぁ」なんて言われると、バカにしているのかと言いたくなるのは、私だけではないでしょう。**語尾はのばさずにスパッと切ったほうが、さわやかさが前面に出ます。**


また、私たちは心に張りがあると声が高くなります。同じ「雨だ」でも、待ちに待った雨なら声は高くなり、ウンザリする雨なら声は低くなります。まさに言葉と心がシンクロしている条件反射です。

私は元気がないときにこの条件反射を利用して、わざと高い声で話すように心がけています。

高い声で話すと、それにつられて心に張りが戻るのです。同様に、挨拶《あいさつ》で使われる「ア」で終わる音をハッキリと発音すると、それに引っ張られて心が元気になります。

だまされたと思って、ぜひお試しください。

「(はっきりした発音で)話す」ことは、思っていることを外に向かって「放す」だけでなく、ストレスからあなたを放し、離してくれますよ。

「ゴシップ叩き」を卒業する

「人の噂も七十五日」と言われます。

どうして七十五日で噂話が消えていくかといえば、季節が変わるおおよその日数だとか。確かに春に噂になったことは夏には忘れられ、秋に話題になったことは冬には「ああ、そんな話があったね」で終わります。

自分に関する悪い噂話については、拡散を止めてくれる人を何人持っているかが鍵だとお伝えしましたが、**拡散してしまったものでも、三カ月すればほとんどの人は覚えていないし、気にもしていないというのが実情でしょう。**

ですから、自分の妙な噂話が流布しているのを知って憤慨している人は、それが人の口に上るのも七十五日だと思っていればいいし、私も自分の噂について、そう思っています。

季節が変われば、自分のことなのに「ああ、そんなことを噂されていたこともあったな」

と懐かしく思えるようになります。

もちろん、そのままにしておけば七十五日で雲散霧消するものを、いつまでも覚えている人もいます。根に持つタイプの人、記憶力の良い人、たとえ噂話でも情報として蓄えていつか利用して足を引っ張ってやろうとする人もいるのです。

他人の足を引っ張るより、手を引いてあげればいいと思うのですが、そこまで大人として熟成していない人なのかもしれません。


知り合いが有名になったり、お金持ちになったりすると「昔、あの人はね……」と自分が知っている過去を暴いて得意になる人もいます。綺麗《きれい》な蝶々《ちょうちょう》を見て「あいつは昔、ムニョムニョ動くイモみたいな形をした気味の悪い虫だったんだよ」と言うようなものです。

そんな人のことは、「ああ、ひがんでいるのか、嫉妬しているのだな」と思えば軽くスルーできます。

軽くスルーといっても、そのまま放っておくと同じことを繰り返し、いつまでも心おだやかでない人生を送るかもしれないと思えば、私は皮肉まじりに言います。

「へぇ、昔はそうだったのですか。でも、頑張って今のようになったのですから、大したものですね。あなたはどうですか。あの人が頑張っている間、何をしていらっしゃいました？」

——イジワルな坊主だと思います。

他にも、

「鏡を持っていますか。持っていたら見たほうがいいですよ」

と言うこともあります。

自分で言うのならまだしも、誰だって他人にほじくり返されたくないことはあるものです。「あなただって、言われたら嫌なことがあるでしょう」という意味で、私は鏡をたとえにして伝えるのです。直球で「そんなこと言わないほうがいいですよ」と伝えて相手をへこませるより、ずっと当たりが柔らかくなります（あくまで個人的な感想です）。

もちろん、興味本位の噂話が好きな人のことを、別の誰かに「あの人は噂話が好きだからねぇ」と噂をするほど、私は不幸ではありません。

人の悪口や噂話はブーメランです。いつか自分に戻ってきます。他人の噂話が好きな人

は、必ず自分も噂の的になっているのを私は知っています。

さて、噂話の中で突出しているのは芸能人のゴシップでしょうか。芸能レポーター、パパラッチなど、それだけで生活費を稼ぐ職業があるくらいですから、需要があるのです。

多くの人にとって、芸能人は自分が果たせなかった〝多くの人から注目を浴びる〟という夢を、代わりに叶えてくれている〝夢の代行人〟なのかもしれません。

自分が果たせなかった夢を叶えているという意味で嫉妬、ひがみの対象にもなり得ます。そして、自分の夢の代行者が不倫や覚醒剤など反社会的なことをすれば、正義の執行人として悪口をまき散らして罰したくなります。

ちなみに「ゴシップ」は、辞書によると、「興味本位、面白半分の噂話、無駄話」という意味。

私は、芸能人はすべて役者だと思っています。役者は舞台に上がれば私生活とは別人になりきります。テレビやラジオ、ネットに登場する人は、素の本人ではないと思っているのです。ですから、演じている役柄、作られたキャラクターを素の本人に重ねて話題にすることはしません。

芸能人だけでなく、一般の人に立つ噂の中には、他人の手を引く力はないくせに、足を引っ張る力だけはある人が流す、悪意に満ちたものもあります。

もしそれが自分に関することならば、しっかり対抗してもいいでしょう（しっかり対抗するというのは、徹底して放っておくことを含め、発信者を突き止めて抗議、公衆の面前での謝罪要求などがありますが、詳しくは弁護士さんに聞いてください）。

私は、芸能人だけでなく家族や周囲への対応として、己の人格を高め、怨《うら》みを買わないための徳として『菜根譚』に説かれる**「小さな過失はとがめない、隠しごとは暴かない、古傷は忘れる」**を信条にしています。

「自分のキャラクター」に縛られる馬鹿馬鹿しさ

前項で、テレビやラジオに出ている芸能人を、私はすべからく演者だと思っているとお伝えしました。演じる者という意味では、誰しも人生という舞台で自分という役を演じているのかもしれません。

この場合、舞台の主人公は自分で、幕ごとに多くの脇役が登場しては去っていきます（もちろん、私たちも他の人の人生舞台に脇役として登場します）。

七十二歳で亡くなった父は、晩年色紙に「浮世まんだら人生舞台　主役脇役　脇役主役仏菩薩が出ずっぱり」と書きました（「まんだら」は数多くの要素が融通無碍《むげ》に関係し合っていることを仏や菩薩の姿で描いた世界観）。

父は他にも「この世はアの世のひと幕芝居　アッという間の　アッけ無さ」（アはすべての仏の総体の大日如来を表す音、文字）、「所詮浮世の一幕芝居　ほとけのいのちのもらい（ひろげ）得《どく》」などを残しました。

父が、私たち子どもにとっての父親役を、母にとっては夫役を、社会の中では僧侶役、檀家さんにとっては住職役を使い分けていたわけではありませんが、見方によってはそれぞれの役割を担っていたことになります。

あなたも私もそれぞれの時と場所で、子ども役、社員役、友人役、客役などを演じ分けているとも考えられます。

私は根が真面目で、その真面目さゆえに、真面目な部分を隠そうと駄洒落《だじゃれ》を言ったり、バカ話をしたり、冗談をよく言います。

特に僧侶になってからはその傾向が強くなりました。坊さんがいつも音楽室のベートーベンのような真面目な顔をしていたのでは、誰にも仏教に興味を持ってもらえないと思ったのです。「仏教を勉強すると、あんな生真面目で、堅物で、融通の利かない人間になってしまうのか、と思われてはいけない」と考えたのです。

長年それを続けてきたので、今では真面目な部分はすっかり姿を消してしまった感があります。

車のハンドルにアソビがないと運転しにくく、障子や襖《ふすま》はアソビがないと動かないように、人も真面目がすぎれば息が詰まってしまうので、アソビの部分が必要でしょう。それが会話ではバカ話に興じたり、駄洒落をはさんだりするなどになると思うのです。

私は、あまり真面目な話になると「真面目も休み休み言ってください」と懇願します。お料理をするときでも、トマト一個をまな板の上に置き、そばにいる誰かに、ちょっと見てごらんよと言ってトマトをさかさまにして「どうだい。不思議なものだね。このトマトはこうしてひっくり返してもトマトって言うんだよ」(シンブンシでもできます)。

初対面の人と会って「お会いするのを楽しみにしていました。お話はかねがね伺っていました」と言われると、私はすかさず、

「聞いて極楽、見て地獄。名取でございます」

と返します。

「久しぶりだね」と言われれば、

「貧乏ヒマなし。無沙汰ばかりで申し訳ありません」

と返します。

「お寺のお坊さんで忙しいのに、たくさん本を書いてますね」と感心されると、
「忙しいなんてこたぁありません。ぼーっとずーっとしているんで坊主って言うくらいで。おまけに本だって、夜も寝ないで昼寝して書いていますから」
と、相手が戸惑うような答え方をします。**真面目に答えず、ユーモアでくるんでも大した問題ではない**と思っているのです。

ユーモアは、人の体液を表すラテン語のフモール（humor）が語源です。その人特有の匂いのようなもので、人間関係の潤滑油になるでしょう。その潤滑油がないと人間関係もこすれて、そのうち煙や炎が発生してしまいます。

ユーモアの感性を磨くコツは、落語の大喜利に出される問題を、自分に出されたと思って考えてみること。そして、駄洒落を一日に一回は言う訓練をすることです。

周囲から冷たい視線を向けられようとバカにされようと、怖《お》じ気《け》づくようではいけません。豊かな人間性維持のために徹底抗戦するつもりで、なんとか駄洒落をひねり出すのです（使い古された「今日の服のコーディネイトいいね。コーディネイトはこうでねぇとね」、「おっ、コンニャクが冷蔵庫にあるよ。これって今夜食うの？」でもいいのです）。

言い続けているとバカにされますが、そんなときも、

「私の駄洒落をバカにするけどね。悔しかったらあなたも駄洒落の一つや二つ言ってごらんよ」

と言えばいいのです。相手は「悔しくないもん」と言いますが、本当はクヤシイのです。そうに違いありません。

事実、「悔しくないもん」と言っていた家内は、私と同じ頻度で駄洒落を言うようになりました。

真面目な人は、今からでも遅くありません。真面目というキャラクターに縛られずに、一度きりの人生舞台で、少し楽しい別の役所《やくどころ》に挑戦してはいかがでしょう。

6章

心の〝風通し〟がいい人になる

“縁起”と“諸行無常”……仏教はどう教えているか

残念なことに、世の中は自分の都合通りにならないことだらけ。

自分がこうしたいと思っても目の前にそうなっていない現実があったり、こうしたいという目標を邪魔するものが出現したりします。出かけようとしたら雨だった、料理を作るのに必要な野菜がなかった、会いたいと思っている人に会えなかった、会いたくない人に会ってしまったなど、数え上げればきりがありません。

自分の都合通りにならないことが、岸に寄せる波のように次から次へとやってくるのですから、グヘッ！　うっそー！　冗談でしょ！　それはないよ！　など、ストレスがたまります。たまらないほうがどうかしています。**人は、こうしたい、こうなっていてほしいという願いがあるかぎり、ストレスがたまるようにできているのです。**

こうした状況の中でなるべくストレスをためずに、心おだやかでありたいと願ったのが釈迦でした。そして、自分のストレスがなくなった方法を人びとに伝え、同じようにストレス一杯で辛い思いをしてきた人が釈迦の教えに耳を傾けて、その教えにひどく共感した人（弟子）によって伝えられ、現在に至ります。

教えの多くは、座禅や瞑想によって心を落ち着けてわかった、いつでもどこでも誰にでも共通している原則（真理、本当のあり方）を軸にしています。

いくつかご紹介すると、まずは〝**縁起**〟という原則。

何かの結果があったら、それにはそれなりの原因とその原因に絡んだ縁があるということです。あなたがこの本を読んでいるという事実は、一つの結果ですが、それには必ず原因があり、その原因に何らかの縁が集まっているということです。

仕事をする（という結果になった）のは生きていくためで、生きていくには食べなければならず、自分で作物を作っていない以上、お金で買わなければならない世の中に生まれたからです。

そのように考えれば「どうして、仕事をしなくてはいけないのだろう」と悩んでストレスを感じることは少なくなります。これが〝縁起〟の法則です。

縁起の法則の中の「結果を導き出すさまざまな縁」に焦点を当てると**〝諸行無常〟**という法則が出てきます（「行」は作られたものの意）。

「時間が経過してしまう」という縁が、私たちには最も身近でしょう。

他にも社会環境の変化、価値観の変化などが縁として働くので、結果が同じ状態で長続きすることはあり得ません。同じではないという意味で「無常」なのです。

〝諸行無常〟が声高に説かれるのは、私たちはつい同じ状態が続くと勘違いして、その結果、心おだやかでいられなくなることが多いからです。

ここから私は、変化するのは仕方がないから、いっそのこと変化を楽しむ心を養っておけば〝鬼に金棒〟だと思うようになりました。

仏教は「あなたは将来、どんな人になりたいですか」と尋ねられた場合に「いつでも、どんなことが起こっても、心おだやかでいられる人になりたい」と思う人のために説かれたコンテンツです。

子どもに将来の夢を尋ねると職業を答えます。その親たちに将来の夢を聞くと、月に一回温泉に行きたい、美味しいものを食べたいなどの生活の夢を答えます。

仏教は、その先の、「なりたい職業になって、どんな人になりたいですか」「温泉に行けて、美味しいものを食べられるようになって、どんな人になりたいですか」と問い、「心おだやかな人になりたい」と答える人のために説かれているのです。

それは**ストレスのない人生を過ごす**ことに他ならないと、私は思っています。

私の座右の銘の一つに「好きなことをしているのなら、嫌な顔をしなさんな」があります。多くの人は、好きなことをしているなら嫌な顔はしないでしょうとおっしゃいます。

しかし、この言葉にはもう少し深い意味があります。

好きなことをするためには、その途中でさまざまな邪魔が入ります。温泉に行きたいと思っていると外出自粛要請が出る、お小遣いが足りない、一緒に行く予定だった人が行けなくなるなど、さまざまな障害物が行く手に待ち構えているのです。

そんなことは当たり前です。「好きなことをするときに現れる嫌なことに対しても、嫌な顔をしないで乗り越えていきたいものだ」という意味なのです。いわば〝覚悟〟です。

現在六十二歳になった私は、目下のところ、変化を楽しんでいく心と、自分の心がおだやかになるために揃った奇跡のような縁に感謝する心があれば、心に煩い少なく、大いに人生を楽しんで生きていけると思っています。

気分転換の「とっておきの方法」を持っておく

小学生に「気分転換の方法は何?」と聞けばゲームやアイスなど、一人につき二つくらいは答えが返ってくるでしょう。中学生に聞けば、それに朝寝坊、ユーチューブを見るなどが加わるかもしれません。高校生になれば、さらにＳＮＳや趣味のフィギュア集めなどを加える人もいるでしょう。

歳を重ねるとストレスが増えるので、気分転換の方法も増えていく気がします。

社会に出たばかりのころは、何がどうなっているのかわからずにストレスがたまり、中堅になると上と下との板挟みでストレスが増加し、立場が上になると責任の重さにストレスが膨張し、定年後はやることがなくてストレスに翻弄され、もっと年を重ねると体が思うように動かなくなってストレスを抱えます（ステレオタイプな見方ですみません）。

多くの人はその間に、自分に合った気分転換の方法を複数持つようになるでしょう。いわば、気分転換リストです。

いつでも、どんなことが起こっても、心おだやかな人になりたい人のために説かれた仏教にも、おだやかになるための方法のリストがいくつかあります。どれも千年以上前に確立した方法です。

六波羅蜜《ろくはらみつ》は、六項目からなります。

- 見返りを求めないで何かする（**布施《ふせ》**）
- 長年かけて蓄積された〝これはやらないほうがいい〟という戒を守る（**持戒《じかい》**）
- 屈辱を耐え忍ぶ（**忍辱《にんにく》**）
- 努力する（**精進《しょうじん》**）
- 心を静める（**禅定《ぜんじょう》**）
- よく考え、気づく感性を養う（**智恵《ちえ》**）

四摂《ししょう》は、心おだやかな人が具《そな》えている特性をリストアップした四項目です。

- 布施は六波羅蜜と同じ。そこに、

・相手のことを思った優しい言葉使い（愛語《あいご》）
・他の人のために何かする（利行《りぎょう》）
・相手の立場に立って考え、協力していく（同事《どうじ》）
が加わります。

右の六波羅蜜と四摂は、これをやったほうがいいという教えですが、逆に「日常の中で、これさえやらなければ、心おだやかでいられる」リストが**十善戒**です。

・余計な殺生はしない（**不殺生**《ふせっしょう》）
・盗まない（**不偸盗**《ふちゅうとう》）
・邪《よこしま》な男女関係を持たない（**不邪淫**《ふじゃいん》）
・嘘を言わない（**不妄語**《ふもうご》）
・自分でできもしないきれいごとは言わない（**不綺語**《ふきご》）
・乱暴な言葉づかいはしない（**不悪口**《ふあっく》）
・二枚舌を使わない（**不両舌**《ふりょうぜつ》）
・物惜しみしない（**不慳貪**《ふけんどん》）

・怒らない（不瞋恚《ふしんに》）
・邪な見方はしない（不邪見《ふじゃけん》）

仏教にも、こうしたリストがあるのです。

すでに社会の中で充分ストレスに苦しめられている人は、自分の気分転換法のリストを持っているでしょう。

もし、そんなことを考えたことがなければ、今からでも遅くありません。用意しておいたほうがいいと思うのです。

ネットで調べれば瞬時にいくつも出てきますが、すぐにネットの情報に頼りたい人用に、私が調べておきました（自分で考えようとせず、すぐにネットに頼るような生き方こそ、ストレスを発散できない原因かもしれません）。

・サウナに行く
・外出して体を動かす（散歩・ジョギング・サイクリングなど）
・旅行に行く
・髪型を変える

・アロマを焚《た》く
・読書をする
・SNS断ちをする
・ヨガや瞑想をする
・お風呂に入る
・家事を放棄する
・新しい下着や服を買う
・掃除する
・断捨離する
・高層ビルから下界を眺める

などが紹介されています――どれも、なるほどと思いますが、あなたなら、もっと面白い方法があるでしょうし、「これはどうですか?」という方法を思いつくこともできるでしょう(〝八つ当たりする〟などは除外したいものです)。

私なら、

・風呂でゴーグルをつけて潜水をする
・ゴミ箱に小さなバスケットボールのゴールを取り付けてゴミを投げ入れる
・玄関にスポンジダーツを用意して外出、帰宅時に持ち玉三つでトライする
などがリストに加わります。


ほかにもたくさん方法があるでしょう。

周りの人に「あなたの気分転換の方法を三つ教えて」と、五人に頼めば十五個揃います。「他に、気分転換になりそうな面白いことは何？」と聞けば、愉快な答えが続出するでしょう。それを続ければ、一カ月で膨大なデータが揃うことになります。

あなたなりのストレス発散の方法を用意しておきましょう。そうすれば、ストレスに苛《さいな》まれるのではなく、逆にストレスがたまるのを楽しみにできます。

小さな「イライラ」は、その日のうちに解消する

世の中は、そして毎日は、私たちの都合通りにならないことがとても多いものです。

- 顔を洗ってタオルで拭《ふ》こうと思ったら湿っていたので新しいのを出したら「誰が洗うと思ってるの?」と小言を言われ、仕方がないので湿ったタオルで顔を拭く
- トイレの電球が切れた
- 紅茶を飲みたいのにお湯が沸いていない
- お湯を沸かして紅茶をいれたら熱くて飲めない
- トイレに入ろうとしたら誰か入っている
- スーパーのチラシを見たら、昨日買ったものが今日は三十円安く売っている

……など、コマゴマとした都合通りにならないことをあげれば、簡単に本一冊くらいの分量になるでしょう。

こうした小さなイライラを放っておけば塵《ちり》も積もれば山となり、すぐに首まで浸かるほどになるでしょう。

〝盃《さかずき》一杯ほどの驕りが、やがて大船を浮かべられるほどになる〟と言われますが、イライラも同様です。

私の周囲にも、見るもの、聞くもの、嗅《か》ぐもの、味わうもの、触るものすべてをイライラの種にできる、驚くほど器用な人が数人います。

そんな彼らを見て、我が身をふり返って作った言葉が、

「ご都合通りに　ならないからって　怒っちゃ　いけません」

でした。今までのようなやり方をしていれば将来どうなるかは、察しがつきます。都合通りにならないことにいちいちイライラして怒っていたのでは、一生イライラし、怒り続けなければなりません。

誰が言ったか**「人を賢くするのは経験したことではなく、未来に対する責任感である」**という言葉があります。

将来の、他でもない自分に対する責任感から、このままではマズイことになる、このま

までは一生イライラして過ごすことになると察してそれに対処する力は、仏教で言う**智恵**にあたります。

では、小さなイライラをどのように解消していけばいいのでしょう。ちょっとした智恵を働かせれば解消できるイライラを、小さいからといって放っておくのは勿体ないと思うのです。新しいタオルで顔を拭こうとして小言を言われたら、

「言われてみれば、ごもっともな話だ。新しいタオルで拭いたからって、顔が新しくなるわけでもない。湿ったオシボリだと思って、せめて心だけでもさっぱりさせよう」

と、落語に出てくる長屋の熊さんのように軽くスルーすることもできます（冒頭にあげたイラッとする他の例についてはあえて対処法を書きません。ご自身で考えてみてください）。

青信号で直進しようとして赤になったら、「目の前の信号が赤ということは、別方向は青ということ。自分が青で進むときは、別の人や車が赤で待ってくれているなんて考えてもみなかったな」と考えている間に、赤になった信号へのイライラなどどこへやら。信号が変わるのを、心置きなく待つことができます。

食べようと楽しみに冷蔵庫にしまったプリンがいつの間にかなくなってイラッとしたら、

「まあ、考えてみればプリンが消えてしまったわけではない、冷蔵庫から誰かの胃の中に移動しただけのこと。私がチョイスしたプリンを誰かが美味しいと思って食べてくれたということは、私が一流のバイヤーの才能を持っている証だ」と思えばいいのです。

そして、冷蔵庫のプリンがあった場所に『私が買ったプリンを召し上がっていただいてありがとうございました。より美味しいものをご提供させていただくために、ご資金の提供をお願いします』と皮肉まじりの言葉をカードに書いて置いておけば、うっぷんも晴れます。

日々、好むと好まざるとに関わらず私たちの目の前に現れる、私たちをイラッとさせることは、自分が歩こうとする道に小石が落ちているようなものです。

気持ちよく、心おだやかに歩いていくために、ちっぽけな石など、ひょいとつまんで横にどかしたり、ポンと軽く蹴飛ばして脇へ寄せたりすればいいでしょう。

それがなかなか難しいなんて、おっしゃらないでください。

できないことをするのを練習と言うのです。

練習すれば、結構できるようになるものです。

後悔は「上書き」と「ばらまき」に如《し》かず

考えてもどうしようもないことを、ふと、あれこれ考えてしまうことがあります。

代表的な例は、自然現象、過去のできごと、相手の気持ちでしょうか。

自然現象はどうしようもないので、天気予報のような予想を元に対応策を準備しておくしかないでしょう。台風が近づいてくるなら、窓ガラスに飛散防止シートを貼ったり、飛んでいきそうなものを屋内に移します。地震や噴火の予想はいまだに難しいそうですから、非常用の備蓄をしておきます。〝備えあれば憂いなし〟です。

私たちは気づかないうちに、自然現象への初級レベルの対応はできているでしょう。次の晴れ間がいつかによって洗濯の予定を立てます。季節の変化にも上手に対応して、衣替えをしたり、旬の食べ物を美味しくいただいたりしているのです。

それを他の自然現象にも応用すれば、自然現象に対していちいち神経をすり減らすことは少なくなります。

過去のできごとに関して悶々としたり、うつうつとした気持ちでいるのを吹っ切るコツは、まず、**起きたことは変えられない**という事実を確認することでしょう。

あのときああしていれば、あんなことをしなければと、いくら思ったところで、起こったことは起こったのです。

恐竜は絶滅したし、あなたがこの世に生を受けたという事実は変更不可能です。

このように、起きたことは変更できないことを確認したら、次にやることは、**過去のできごとの自分にとっての意味を上書きする**ことです。あることが起きたときにあなたが感じたことは、その当時のものです。起きたことは変更できませんが、それについてどう思うかは、いつだって変更可能なのです。

誰かを裏切って傷つけたことに申し訳なさを感じたとしても、その思いを引きずらなくていいのです。裏切ってしまったのは、その当時の自分の考えが浅はかだったのです。人は驚くほど簡単に人を裏切るものです。にもかかわらず、裏切りによって傷つけるほど相手と親密な関係になってしまった。愚かだったのです。

裏切られたことで相手も多くのことを学んだでしょう。お互いに人生の厚みを増すことになったのです。それを踏まえて、自分はなるべく人を裏切らないように努めるけれど、他人が私を裏切らないという妄想は捨てようと覚悟すればいいのです（私はそう覚悟しています）。

孔子も「過ちては則ち改むるに憚《はばか》ること勿《なか》れ」と言っています。私もそう思い、実行を心がけています。過去のことをふり返るなら、悶々とするためにではなく、そこから何かを生み出しましょう。

そして、考えてもどうしようもないことで、私たちが頻繁に遭遇するのが、相手の考えや気持ちです。

他人が何を考えているかは察する以外なく、本当のところはわかりません（下手をすると本人にさえわからないことがあるのですから）。

それでも、相手の思いを自分の思うように変えたいときの対応はあります。

まず挑戦するのは、よく言われる「相手を変えるのではなく、自分が変わる」です。相手を変えようとしている自分の思いを、「相手を変えようとするのはやめよう」に変えるのです。

そうしてアクションを起こすしかありません。

「あの人はきっとこう思っているのだろう」と考えるばかりで動きあぐねているのでは、相手に薬の効能書きを読ませているようなものです。

薬は実際に飲ませなければ効果がありません。理論立てて説得するもよし、軽くアドバイスしてみるのもよし、一緒にどこかに行ったり食事をしたりするもよしです。

相手を変えるための縁を、池の鯉《こい》にエサをやるように、ばらまけるだけばらまいてみるのです。

あなたがばらまいた縁によって相手の気持ちが変わるかどうかはわかりませんが、こちらにできるのはそこまでです。あとは辛抱強く待つしかありません。

考えて行動を起こせばどうにかなるのか、ならないのか、それを見極める力を智恵と言います。

その智恵を磨くチャンスは、あなたの周囲に佃煮《つくだに》にできるくらい転がっています。

一日に何分か、一人になれる空間を

モヤモヤがたまっているような感じはしないし、イライラしているわけでもないけど、どことなくスッキリしないし、心の中が整理されていない気がするときがあるものです。

そんなときは、あえて一人になる時間を作ってみませんか。数分から長くても数十分でいいのです。

釈迦の遺言ともいわれる『遺教経《ゆいきょうぎょう》』には「遠離《おんり》」の章があります。

老婆心ながら書き添えますが、お経はすべて、釈迦入滅後、何百年もして文字化されたものなので、かなり脚色されています。

ですから、「釈迦はお経の中でこう言っている」という言葉を鵜呑みにしないでください。書かれている内容の真意に共感できるならかまわないと思います。

ご紹介する内容は、私が共感していることをご承知の上、お読みいただければ結構です。

［遠離］

煩わしさや気苦労のない身心を得るためには、時には喧騒をはなれ、独り閑居するのがいいでしょう。

自分のことからも、他のことからも、すべての欲から離れて、独り自然と向きあい、心静かに、苦の根源である自らの心を乱す煩悩や、自分はまだだという無明に思いをめぐらす時間をお持ちなさい。

多くを願えば、悩みも多くなります。たとえ大木でも、たくさんの鳥の棲家になれば、枝が折れ、枯れることさえあります。多くの願いは、多くの鳥と同じなのです。世間の束縛や、欲への執着は錘《おもり》となって、多ければ多いほど、あなたを苦しみの海の深みへと沈ませていきます。象は水に入るのが好きですが、沼に深入りした老象が、泥に溺れて自ら出られなくなるようなものです。

喧騒《けんそう》や執着、束縛から離れる時間と場所を持つことは、とても大切です。それを遠離と言います。

『仏遺教経 口語文意抄・おつとめ次第付』（金子宥照著）

たくさんの鳥の棲家になる大木や、沼に足を踏み入れた象の譬《たと》えは、とてもわかりやすいと思います。

これを踏まえて、一人でいるメリットを考えてみると、他の人と一緒にいて得られる情報やネットの情報を、自分の心に染み込ませる貴重な時間を得られるということでしょう。火からおろして一日たった、二日目のカレーが美味しくなるようなものです。

一方、「小人閑居して不善を為《な》す」（『大学』）という言葉もあります。すぐにモヤモヤしたりイライラしたりする人間は、一人でいると良からぬことを思いついたり、やったりするものだという意味ですが、一人でいると、「あなたは間違っている」と誰も指摘してくれません。

「ダメ」と言ってくれる人がいないのです。

これは人生にとって大きなマイナスです。一人で解決できないことも〝三人寄れば文殊の知恵〟で、複数の人の意見や考え方を聞くことで解決の糸口が見つかることがあります。

一人でいるのは、その機会をむざむざ捨てることになる場合もあるのです。

一人でいるメリットとデメリットをひっくり返せば、複数の人と一緒にいるときのデメリットとメリットにもなります。

誰かと一緒にいれば、入ってくる情報が多すぎて、自分にとって価値ある情報が何なのか見極め、心にしみ込ませたり、心の中に畳み込んで大切にしまい込んだりする時間がありません。

しかし、さまざまな考え方があることがわかります。叱ってくれる人もいるでしょうから、不善を為さずにすみます。

一人でいたほうがいいのか、いないほうがいいのか、わかりにくくなってしまって申し訳ありませんが、**一人で不善を企むようなら、「ダメ」と言ってくれる人と一緒にいる時間を持ったほうがいいでしょう。**

そして、誰かと一緒の時間が多い人は、自分の心と向き合うために、あえて一人の時間や場所を作ってみるといいと思うのです。

一人でいられるのは、自室、トイレ、散歩、通勤、通学など、なにげない日常の中に、開けたばかりの缶を床に落としてしまったコンペイトウの数ほど散らばっているものです。

それらを意識して上手に拾って使うことをお勧めします。

「面白いことを見つける」という知的な遊び

何かの理由で、家から出られないことがあります。留守番や体調不良、中にはどこにも行くところがないので仕方なく家にいる場合もあるでしょう。

この場合、やらなければならないのは〝家にいる〟ことだけで、言い換えれば、家の中にさえいれば何をやっても自由です（この項では、仕事や家事など、家でやらなければならないことがあるケースは除外します）。

他にも、病院や人気ラーメン店で、長蛇の列の中で待たなければならないこともあります。この場合、やるべきことは〝待つ〟ことだけで、それ以外は何をしても自由です。整理券をもらえたり、順番をスマートフォンなどで教えてくれる場合がありますが、この項では家にいなければならないときと同様に〝その場で待たなければならない〟場合を前提にして、その状況の中でモヤモヤやイライラを愉快に発散する方法をお伝えしようと思います。

さて、退屈なときどうするか……。

その対処法をいくつか考えておけば、あなたの辞書から「退屈」という言葉がなくなります。生涯にわたって退屈することはなくなります。

「退屈」はもともと仏教語で、サンスクリット語のケーダ（倦怠《けんたい》）やヴィシャーダ（落胆、無気力）の訳語として使用されました。

仏教では「仏道修行の困難に屈して、仏道を求める心が退くこと」を表す言葉です。日本語で「退屈」は、物事に飽きていや気がさす、ヒマで困るなどアクビを誘発しそうな状態を表すのはご承知の通りです。

さて、退屈と言いたくなった場合、どんなことに心が屈して退いているのでしょう。きっと、面白い、楽しいことがないことにウンザリしているのでしょう。だとすれば、宝探しのように、クイズに答えるようにそれを探せばいいのです。

人によって面白いこと、楽しいことは異なります。クロスワードパズルやジグソーパズルに興じる人もいれば、ＤＩＹにはまる人、ボードゲームに夢中になる人もいます。料理に目覚める人、楽器やアートに熱中する人もいます。

アウトサイダー・アートというジャンルは、専門的な技術を学ばずに、自分が表現したいものを自分のためだけに作った作品を言いますが、モヤモヤやイライラを発散する方法として計り知れない可能性があると思います。

私の場合はもう少し色気があるので、誰かに使ってもらいたくて、お地蔵さまと言葉を手描きした日めくりを作りはじめました（ライフワークになる予感がしています）。

他人が何と言おうと、自分が面白く、楽しければそれでいいのです。

他にも、机の上や本を開いたときにあわてて動きだす極小の虫がどこへ行こうとしているのか見守ったり、自分の前を通る人の男女の数を数えたり、車で移動するときは目に入る文字をすべて滑舌よく発音したりと、私はぼーっとしているヒマがありません。

誰が何を言おうと、自分が面白く楽しければ、それでいいのです。

大切なのは、楽ではなくても、楽しむことはできるという信念を持つことです。

宇宙ステーションに数カ月から数年にわたって狭い空間に長期滞在するクルーたちが、何をして自由時間を使っているか、調べたことがあるそうです。

四十五分ごとにやってくる荘厳な日没と日の出を見るだけでも壮観でしょうが、彼らは自由時間に音楽を聴いたり、本を読んだり、映画を観たり、地球の人とメールしたり、インターネットを見たりして過ごしているそうです。

ごく普通の過ごし方ですが、責任重大で過酷なミッションをこなしている彼らには、〝普通の過ごし方〟がストレスをためない最も効果的な方法なのかもしれません。


仏教で瞑想や座禅に入る前には呼吸を整えますが、息を吐くとき（呼）に煩悩を吐き出すイメージをすることがあります。これを応用して、**息を吐くたびにモヤモヤやイライラを一緒に吐き出すイメージをするだけでも、心がすっきり、軽くなるものです。**

釈迦の弟子の中には「塵《ちり》を払え」とつぶやきながら掃除ばかりしていた人が悟りを開いたという話も残っています。

「塵を払え」は「心の塵を払え」に通じていたのです。

日常の中で、何かモヤモヤがたまっていたり、小さなイライラに気づいたら、何か面白いこと、楽しいことを探して、それをしている間に心の中のわだかまりが解け、発散されるイメージをしてみてください。あなどれない良い効果があるものです。

「面白いことを見つける」「楽しいことを見つける」、それ自体が知的な遊びのようなものです。

朝、気持ちよく一日を始める

晴れた日の早朝、私が住職をしているお寺の境内のベンチに座り、缶コーヒーを飲みながら菓子パンの朝食を食べるサラリーマンが一人います。

境内の木々の緑に囲まれて、空を見上げながらもぐもぐと頬張っている姿を見かけると、「今日も一日、がんばってください」と応援したくなります。

朝、お寺の前の歩道を軽快に歩く檀家のお年寄りに、散歩ですかと問うと、「神社の境内でやっているラジオ体操に参加した帰りです」という答え。颯爽《さっそう》と手を振りながら去っていく後ろ姿に、こちらの心もすがすがしくなります。

同じころ、ビニール袋と火バサミを持って、町内の植え込みの中のゴミを掃除する檀家のご婦人がいます。毎日、袋の中はそこそこゴミが一杯になるのですから、街のクリーン隊長に頭が下がります。

いずれも朝のルーティーン。それぞれが、気持ちの良い朝の過ごし方を自分流に楽しんでいらっしゃるのです。

私はといえば、本堂で香りの良いお線香に火を点けて、静かに手を合わせる時間を持ちます。時間がないときでも、鐘をゴーンと叩いて、その響きが完全になくなるまで目を閉じてじっとしています。合掌する自分の手の温かさ、冷たささを確認できるのも、このときです。


その日一日のスタートをスムースにする「これが私の朝の過ごし方」のようなものが、あなたにもあることでしょう。

シャワーを浴びる、お気に入りのBGMを流す、香り豊かな紅茶、緑茶、コーヒーを味わう（お気に入りの飲み物ならば飲んでいるのではなく、味わっていることでしょう）など。

他にも、
・朝一番で、窓を全開にして空気を入れ換える
・帰宅してからやろうとしていることを、朝のうちに少しでもやってしまう（私なら、出す予定の手紙の宛て名だけでも書いてしまうなど）

など。

朝を気持ちよく過ごすことで、その日を順調にスタートさせられる。その実感から、何かしらの方法を試している人は少なくないのです。慌《あわ》ただしく朝をスタートさせれば、その日一日に良い影響を与えないのを、経験として知っているからです。

しかし、疲れていて少しでも長く寝ていたい、寝起きはしばらく体が動かないなど、わかっちゃいるけどできないという人も少なくありません。

それでいいと思います。「こうしないといけない」と思ってやればそれがストレスとなり、できなければまたそれがストレスになります。

やってもやらなくてもストレスになるなら、無理にやるには及びません。

今日やろうと思ったけどできなかった、でいいでしょう。明日やればいいのです。明日できなかったら、明後日に笑顔で再挑戦すればいいのです。

あるいは、なんとなく気分が良くなるだろうとラジオ体操をやってみたり、ベランダや公園で朝食をとったり、シャワーを浴びたりすればいいのです。

やってみたら、かえって慌ただしくなったり、思っていたほど気分が良くならなければ、別の方法を考えてみればいいでしょう。友人や同僚からアイデアをもらう手もあります。

坊主の私が申しあげるのも変ですが**「三日坊主」でいい**と思うのです。

試してみてダメだったら、季節を変えてまたやってみることもできます。冬や早春に早起きするのが辛くても、春真っ盛りになれば気持ちよく起きられるかもしれません。

年齢によっても、朝の時間を気持ちよく過ごす方法は異なります。気分を高揚させるためのポップな曲を聴いていた人が、静かなクラシックの流れる朝に魅力を感じるようになることもあります。

昨日詰まったストレスの配管をクリーンにする、自分流の朝の過ごし方があります。

いろいろ試してみてはいかがですか。

何十種類か試す時間がないほど、人生は短くないと思うのです。

おわりに

本書の企画は、前代未聞の新型ウイルス禍に突入する前でしたが、執筆したのはまさに渦中のことでした。

私が住職を務めているお寺は東京下町の檀家寺ですから、亡き人の供養が主な役割です。

しかし、仏教は「いつでも、どんなことが起こっても心おだやかな人になりたい」と思う人のための教えです（亡き人の供養もその大きな柱の一つです）。

そこで、私は檀家さん向けに、異常事態の中でもモヤモヤやイライラをなるべく早く解消していただきたいと、仏教の智恵を土台にした言葉を書いて、「ＣＯＶＩＤ-19心の処方箋」としてお送りしました（送ったのは左の太字の言葉だけです）。

・嫌なことに出合ったらやれることは二つ。自分の努力でどうにかなるならやればいい。自分の努力だけではどうにもならないなら現実を受けいれる。

本文でも触れたように、私たちが嫌なことに直面したら、真っ先に右の二つに選別すれば、たまっていたストレスの堰《せき》が開いて心の流れが良くなり、不平や愚痴を言うことは大幅に減ります。

- こんなときに堂々としていられるか、己の底力を試す良いチャンスだ。

この言葉は、私を含めて、主にお年寄りのために書いたものです。「普段、わかったようなことを言っているなら、こんなときにアタフタしないでください」という意味で、皮肉を込めたひとことです。現実の世界に対応することよりも、理屈や知識を優先しがちな人にも通用するでしょう。

- 自分の不幸をだれかのせいにしている人は、そのだれかを許せない。許してしまうと自分の不幸の原因がなくなってしまうからだ。

これはアドラーの言葉だと思いますが、出典を調べてもはっきりしません。自分の不幸の原因をだれか（なにか）のせいにしていれば、自分は不幸でいられます。きっと、そのほうが楽なのでしょう。自分が幸せであると思うのは、とても勇気もいることなのです。よって、いつまでも「私がこんなになってしまったのは、あの人（政治、時代）のせいだ」

と言いつづけます。許して幸せになるより、許さずに不幸でいることを選んでいるのです。そんなことをしていれば、いつまでもモヤモヤは解消しません。

・やったことが良かったのか、悪かったのか、どちらでもなかったのか……は、後にならないとわかりません。

経験したことがない事態にどう対応すれば正しいのかは、そのときにはわかりません。成功したように見えても、後になって失敗だったとわかるのはよくあることです。

初めて小学生になった人、初めて社会人になった人、初めて結婚した人などは、当初は自分が考えた正攻法でいくしかありません。その方法が良かったのか悪かったのは後にならないとわからないのです。それを覚悟して、そのときの自分のやり方でやるしかありません。

・不安になったり愚痴を言いたくなったら、祈ってみませんか。祈るというのはなんとなく心が落ち着くものです。

祈っただけでは願いは叶わないと考えている人は少なくありません。祈りがどれほど物理的な影響を与えるのかについて、科学的な証明はできないでしょう。
しかし、遠足や運動会の前日に照る照る坊主を作って心を落ち着かせた人は多いでしょう。知人が旅行している間、その人の無事を「祈る」ことを無駄だと思う人はいないでしょう。自分がこの世の役割分担を終えるころ、残された者たちの幸せを祈ることを「そんなことをしても意味がない」と言える人は少ないでしょう。
私も「どうか、私が抱えてきたイライラやモヤモヤを他の人がしないように」と祈りながら本書を書きました。

最後に書いた言葉は、
・できないことをするのを、練習と言います。
でした。

本書でご紹介したストレスを発散するさまざまな方法も、「言われてみればそうかもしれないけど、私は坊さんじゃないからできない」と思われる方が多いでしょう。そう思われる方に、あらためて、声を、文字を大にして申しあげます。

できないことをするのを練習と言います。

「できることをするのは、単なる遊びです」と、乱暴なことを申しあげるつもりはありません。しかし、日常のささいなモヤモヤやイライラをなんとかできるなら（実際になんとかできる方法は本書でご紹介しました）、そして、それをちょっとだけ真剣にやろうと思われるなら、「練習」と思って肩の力を抜いてチャレンジしてみることをお勧めします。

私たちは、経験したことのない今日を生きています。

経験したことがない日なので、さまざまなイライラやモヤモヤが発生します。それは「当たり前」ですし「仕方がない」ことです。

しかし、それは同時に自分の心を磨くチャンスです。

どうか、楽しく、愉快に磨いてみてください。本書をその一助に利用していただけることを祈りつつ、「おわりに」に代えさせていただきます。

密蔵院にて　　名取芳彦

引用参考文献

『いちいち不機嫌にならない生き方』（名取芳彦　青春出版社）
『気にしない練習』（名取芳彦　三笠書房）
『中国古典　名著のすべてがわかる本』（守屋洋　三笠書房）
『定本講談名作全集　第三巻』（講談社）

人生の活動源として

いま要求される新しい気運は、最も現実的な生々しい時代に吐息する大衆の活力と活動源である。

文明はすべてを合理化し、自主的精神はますます衰退に瀕し、自由は奪われようとしている今日、プレイブックスに課せられた役割と必要は広く新鮮な願いとなろう。

いわゆる知識人にもとめる書物は数多く窺うまでもない。

本刊行は、在来の観念類型を打破し、謂わば現代生活の機能に即する潤滑油として、逞しい生命を吹込もうとするものである。

われわれの現状は、埃りと騒音に紛れ、雑踏に苛まれ、あくせく追われる仕事に、日々の不安は健全な精神生活を妨げる圧迫感となり、まさに現実はストレス症状を呈している。

プレイブックスは、それらすべてのうっ積を吹きとばし、自由闊達な活動力を培養し、勇気と自信を生みだす最も楽しいシリーズたらんことを、われわれは鋭意貫かんとするものである。

―創始者のことば― 小澤和一

著者紹介
名取芳彦（なとり ほうげん）
1958年、東京都江戸川区小岩生まれ。元結不動密蔵院住職。真言宗豊山派布教研究所研究員。豊山流大師講（ご詠歌）詠匠。大正大学を卒業後、英語教師を経て、25歳で明治以来住職不在だった密蔵院に入る。仏教を日常の中でどう活かすのかを模索し続け、写仏の会、読経の会、法話の会など、さまざまな活動をしている。
著書に『他人のことが気にならなくなる「いい人」のやめ方』（リベラル文庫）、『いちいち不機嫌にならない生き方』（青春新書プレイブックス）などがある。

上手《じょうず》に発散《はっさん》する練習《れんしゅう》　青春新書 PLAYBOOKS

2021年1月20日　第1刷

著者　名《な》取《とり》芳《ほう》彦《げん》

発行者　小澤源太郎

責任編集　株式会社プライム涌光
電話　編集部　03(3203)2850

発行所　東京都新宿区若松町12番1号 〒162-0056　株式会社青春出版社
電話　営業部　03(3207)1916　振替番号　00190-7-98602

印刷・三松堂　製本・フォーネット社

ISBN978-4-413-21178-9

青春新書 PLAYBOOKS

名取芳彦のロングセラー!

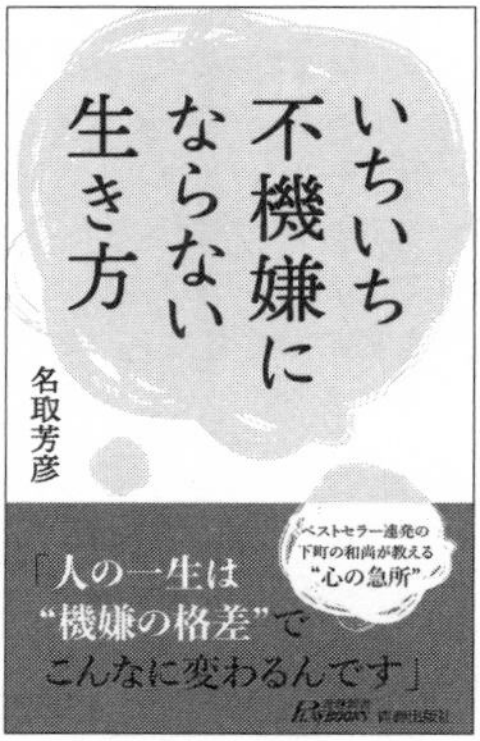

いちいち不機嫌にならない生き方

第1章　一瞬、不機嫌になったっていい
第2章　孤独の9割は不機嫌がモトです
第3章　“他人の目が気になる”に効くヒント
第4章　心のツボを外さない“初動消火”のコツ
第5章　「いつも心おだやかに」こそ仏教がめざしたもの
第6章　心の風通しがよくなる急所

ISBN978-4-413-21132-1　本体1000円

※上記は本体価格です。（消費税が別途加算されます）
※書名コード（ISBN）は、書店へのご注文にご利用ください。書店にない場合、電話または Fax（書名・冊数・氏名・住所・電話番号を明記）でもご注文いただけます（代金引換宅急便）。商品到着時に定価＋手数料をお支払いください。
〔直販係　電話03-3207-1916　Fax03-3205-6339〕
※青春出版社のホームページでも、オンラインで書籍をお買い求めいただけます。ぜひご利用ください。〔http://www.seishun.co.jp/〕

お願い　ページわりの関係からここでは一部の既刊本しか掲載してありません。折り込みの出版案内もご参考にご覧ください。